FRECUENCIAS

Español comunicativo para el siglo XXI

Libro de ejercicios

Equipo **Frecuencias**

Nivel

A2

Edinumen

Créditos fotográficos:

Pág. 7, Consola: Arina P. Habich, Shutterstock.com; **Atasco en Qatar:** Atul Singh Rawat, Shutterstock.com; **Pág. 8, Policía:** Dino Geromella, Shutterstock.com; **Pág. 9, Baile mariachi:** Carolina Arroyo, Shutterstock.com; **Clase de zumba:** Stefano Ember, Shutterstock.com; **Mural de Diego Rivera:** James R. Martin, Shutterstock.com; **Pág. 21, Grupo folclórico rapanuí:** Christian Wilkinson, Shutterstock.com; **Pág. 27, Cruz Roja:** kojoku, Shutterstock.com; **Pág. 28, Selección española de fútbol:** fstockfoto, Shutterstock.com; **Pág. 30, David Bisbal:** lev radin, Shutterstock.com; **Pág. 32, Museo Guggenheim (Bilbao):** Migel, Shutterstock.com; **África:** Photographer RM, Shutterstock.com; **Pág. 33, La Habana Vieja:** Delpixel, Shutterstock.com; **Pág. 45, Palacio Kursaal:** nito, Shutterstock.com; **Maestro Yoda:** Yuri Turkov, Shutterstock.com; **Costa-Gavras:** Denis Makarenko, Shutterstock.com; **Pag. 47: Tarjeta de crédito:** No-Mad, Shutterstock.com; **Pág. 63, Museo Guggenheim (Bilbao):** Santi Rodríguez, Shutterstock.com; **La Habana:** akturer, Shutterstock.com

ISBN - Libro de ejercicios: 978-84-91794-08-0
Depósito Legal: M-12742-2020

Impreso en España
Printed in Spain
0522

Coordinación pedagógica:
M.ª José Gelabert

Coordinación editorial:
Amelia Guerrero, Mar Menéndez y Carlos Oliva

Diseño de maqueta:
Juanjo López y Sara Serrano

Diseño de portada y maquetación:
Carlos Casado, Juanjo López y Sara Serrano

Estudio de grabación:
Producciones Activawords

Impresión:
Gráficas Glodami

Editorial Edinumen
José Celestino Mutis, 4. 28028 Madrid. España
Teléfono: (34) 91 308 51 42
Correo electrónico: edinumen@edinumen.es
www.edinumen.es

EXTENSIÓN DIGITAL en ELEteca

Un espacio en constante actualización

- Las **audiciones** de este libro se encuentran disponibles y descargables en nuestra plataforma educativa.
- Para acceder a este espacio, entra en la **ELEteca** (https://eleteca.edinumen.es), activa el código que tienes a continuación y sigue las instrucciones.

CÓDIGO DE ACCESO ESTUDIANTE*

zVWq6JD6U6

Para más información, consultar los términos de uso de la ELEteca.
* Este código de activación tiene una duración de dieciocho meses.

Índice

Unidad 1 ¡Qué divertido!

Palabras

1 Elige la opción u opciones correctas.

1. Jugar a (al) **videojuegos/cine/excursión/periódico/paseo/tenis/compras/gimnasio**.
2. Hacer un(a) **videojuegos/cine/excursión/periódico/paseo/tenis/compras/gimnasio**.
3. Dar un(a) **videojuegos/cine/excursión/periódico/paseo/tenis/compras/gimnasio**.
4. Ir al (a la) **videojuegos/cine/excursión/periódico/paseo/tenis/compras/gimnasio**.
5. Leer un(a) **videojuegos/cine/excursión/periódico/paseo/tenis/compras/gimnasio**.
6. Ir de **videojuegos/cine/excursión/periódico/paseo/tenis/compras/gimnasio**.

2 Relaciona las actividades con las imágenes.

1. ☐ Ir de compras.
2. ☐ Cocinar en familia.
3. ☐ Dar un paseo.
4. ☐ Ir al gimnasio.
5. ☐ Limpiar la casa.
6. ☐ Oír música.
7. ☐ Practicar deporte al aire libre.
8. ☐ Visitar una exposición.
9. ☐ Viajar.

2a ¿Con qué tema del recuadro relacionas las actividades anteriores? Elige la opción correcta. Hay una actividad que no pertenece al grupo. ¿Cuál es? Justifica tus respuestas.

trabajo | ocio | formación | deporte

Son actividades de .... porque ....
No pertenece al grupo la actividad .... porque ....
....

3 Ordena este diálogo.

a. ☐ **Nerea:** Hola, Javier, ¿qué tal? ¿Qué haces por aquí? No te vemos desde septiembre.
Javier: Estoy pasando la Navidad en casa de mis abuelos, en Madrid. Siempre la pasamos con ellos. ¡Qué alegría verte! ¿Qué tal todo por la escuela?

b. ☐ **Javier:** En general, estoy contento. Mis compañeros son muy agradables, la verdad. Tengo muy buena relación con un chico de Argentina. Él también juega a baloncesto y vamos juntos a una academia de inglés tres días a la semana.
Nerea: ¡Qué bien! Oye, a partir de ahora tenemos que estar más en contacto, ¿vale?

c. ☐ **Nerea:** Muy bien, pero Ricardo y yo echamos un poco de menos ir contigo en el bus todos los días.
Javier: Yo también, pero… ¿sabes? Ahora, en Barcelona, ya no cojo el bus para ir a clase. La escuela está al lado de mi casa. Solo cojo el metro para ir a entrenar. No hay ningún polideportivo cerca de casa. ¿Vosotros estáis jugando este año?

d. ☐ **Javier:** Es verdad… Yo chateo a menudo con Luis; dice que este año tenéis un profesor de Historia muy simpático.
Nerea: Sí, es fabuloso, explica muy bien y todos los meses hacemos una o dos excursiones por Madrid y visitas a museos. Me cae muy bien. ¿Tú qué tal en tu nueva escuela?

e. ☐ **Javier:** Claro, anota mi nuevo número. Uno de estos días quedamos y hacemos algo juntos. ¿Qué plan tenéis para el sábado?
Nerea: Vamos al cine. Ahora vamos todos los fines de semana. ¿Vienes?
Javier: Perfecto, no voy al cine desde hace un año. ¡Hasta el sábado!

f. ☐ **Nerea:** No, yo este año no puedo jugar al baloncesto; voy todos los días a clase de alemán y no tengo tiempo para entrenar. Ricardo sigue en el equipo; yo a veces quedo con él para jugar un partido, pero muy pocas veces. Oye, tenemos que chatear más. Yo a menudo chateo con gente a la que veo todos los días y no lo hago con amigos que viven lejos. ¡Qué cosas tan extrañas hacemos!

3a Escucha y comprueba tus respuestas.

[1]

3b Decide si estas afirmaciones sobre Nerea y Javier son verdaderas o falsas.

1. Nerea casi nunca juega a baloncesto este año. .... V F
2. Nerea y Javier chatean a menudo. .... V F
3. A Nerea le cae muy bien su profesor de Historia. .... V F
4. Nerea no chatea con nadie. .... V F
5. Javier va al cine muy a menudo. .... V F
6. Nerea va a clase de alemán a diario. .... V F
7. Javier se lleva mal con un compañero argentino. .... V F
8. Nerea nunca va al cine. .... V F
9. A Javier le caen bien sus nuevos compañeros. .... V F
10. A veces Javier pasa la Navidad en casa de sus abuelos. .... V F

4 Marca las imágenes que crees que corresponden al fin de semana.

1 ☐

2 ☐

3 ☐

4 ☐

5 ☐

6 ☐

7 ☐

8 ☐

Gramática

5 Escribe el infinitivo y la persona de los siguientes verbos, identifica los verbos irregulares y di qué tipo de irregularidad tienen.

Verbos conjugados	Infinitivo	Persona	¿Regular o irregular? Tipo de irregularidad
1. sueñas	*soñar*	*tú*	*irregular o › ue*
2. construyen			
3. sirven			
4. aprendemos			
5. mides			
6. pide			
7. invitáis			
8. muerden			
9. viene			
10. comienzo			
11. sale			
12. continúo			
13. sigues			
14. elijo			
15. produzco			

6 Completa las frases escribiendo los verbos entre paréntesis en presente de indicativo.

1. En este restaurante Marta siempre .... (pedir) lasaña.
2. Los niños .... (vestirse) solos desde hace bastante tiempo.
3. El autor, en este libro, ... (contar) cosas muy interesantes.
4. Mis amigos y yo .... (querer) ir mañana a un concierto.
5. Carmen siempre .... (oír) la misma música cuando trabaja.
6. Esta camisa no .... (valer) más de quince o veinte euros.
7. ¿A qué hora .... (comenzar) las clases en esta academia?
8. Sara y Eva .... (divertirse) mucho cuando salen juntas.
9. ¿Quién .... (venir) contigo a mi fiesta de cumpleaños?
10. Javi siempre .... (decir) que le gusta mucho esta canción.

7 [2] Escucha los enunciados y escribe los dos verbos irregulares que se usan en cada uno.

1. ....
2. ....
3. ....
4. ....
5. ....
6. ....

8 Escribe el pronombre relativo adecuado.

1. La casa .... vivo está cerca de la universidad.
2. El chico .... lleva traje es mi hermano.
3. ¿Puedes pasarme los libros .... están en esa mesa?
4. Hoy vamos al restaurante .... cenan mis padres los sábados.
5. Nunca dejas las cosas .... las encuentras. ¡Eres un desastre!
6. ¿Tienes la camisa .... estoy buscando?

9 **Escribe de nuevo las frases usando los pronombres relativos.**

1. Vivo en una ciudad; la ciudad es muy grande.

   ....

2. Estoy leyendo un libro; el libro es muy interesante.

   ....

3. Tengo un amigo; mi amigo habla japonés.

   ....

4. En la calle hay dos chicas; las chicas preguntan por ti.

   ....

5. Laura trabaja en una empresa; la empresa está en el centro.

   ....

6. He comprado un armario; en el armario caben muchísimas cosas.

   ....

7. Juan tiene unos videojuegos; los videojuegos de Juan son muy divertidos.

   ....

8. Ayer me presentaste a una chica; hoy he visto a esa chica.

   ....

10 **Completa las frases con los conectores del recuadro.**

primero | finalmente | por eso por ejemplo | después

1. Mañana me levanto muy temprano, ... hoy me acuesto a las diez de la noche.
2. Soy muy regular con mis hábitos, siempre hago lo mismo: .... me ducho y .... desayuno.
3. Me encantan los lugares sin ruidos; ...., las bibliotecas; son muy relajantes.
4. ...., la famosa cantante se despidió del público con su canción más antigua.

11 **Elige la opción adecuada y luego relaciona las frases con su imagen correspondiente.**

1. **Nos gusta...**
   a. ir de compras.
   b. los centros comerciales.
   c. voy de compras.
2. **A mi jefa le molesta...**
   a. la gente impuntual.
   b. los impuntuales.
   c. impuntual.
3. **¿Te molesta...**
   a. los ruidos?
   b. hago ruido?
   c. el ruido?
4. **Prefiero...**
   a. voy a la playa.
   b. que voy a la playa.
   c. ir a la playa.
5. **No me gusta...**
   a. estar solo.
   b. solo.
   c. estoy solo.
6. **Me molestan...**
   a. los atascos.
   b. el tráfico.
   c. vivir en la ciudad.
7. **¡Me encantan...**
   a. la fruta!
   b. las peras!
   c. como fruta!
8. **Preferimos...**
   a. los videojuegos.
   b. juego los videojuegos.
   c. jugamos a videojuegos.

A ☐

B ☐

C ☐

D ☐

E ☐

F ☐

G ☐

H ☐

12 Ordena estas frases.

1. ¿/frecuencia/?/qué/vas/gimnasio/Con/al

....

2. vacaciones/mí,/son/descansar./para/las/Para

....

3. dispositivo/sirve/que/Una/para/videojuegos/videoconsola/es/un/jugar/a

....

4. hermano/que/chino./Tengo/un/habla

....

5. mundo/Todo/que/extranjero./piensa/eres/el/tú

....

6. Antes/acostarme/de/siempre/agua./bebo

....

13 Observa las imágenes y elige las afirmaciones correctas.

1

a. ☐ Tienen mucho trabajo hoy.
b. ☐ Están de vacaciones.
c. ☐ No les gusta viajar.
d. ☐ Están contentos.
e. ☐ Viajan con amigos.
f. ☐ Llevan maletas.

2

a. ☐ Trabajan de lunes a viernes.
b. ☐ A veces trabajan por la noche.
c. ☐ Están en el campo.
d. ☐ Nunca hacen ejercicio físico.
e. ☐ Tienen un trabajo tranquilo.
f. ☐ Tienen un trabajo peligroso.

3

a. ☐ Se levanta muy temprano.
b. ☐ Trabaja en casa.
c. ☐ Va todos los días a la oficina.
d. ☐ Tiene un trabajo peligroso.
e. ☐ Tiene muchas reuniones.
f. ☐ Tiene un trabajo cansado.

14 Elige la respuesta correcta.

1. **¿Para qué haces deporte?**
   a. Para salud.
   b. Para mí.
   c. Para sentirme mejor.
2. **¿Para qué vas a esa biblioteca?**
   a. Para estudiar mejor.
   b. Para libros.
   c. Porque estudiar mejor.
3. **¿Por qué te levantas tan temprano?**
   a. Para tener más tiempo para desayunar.
   b. Porque tengo tiempo para desayunar.
   c. Porque tener más tiempo para desayunar.
4. **¿Por qué estudias español?**
   a. Porque quiero comunicarme.
   b. Para me comunico.
   c. Para comunicación.
5. **¿Por qué haces yoga?**
   a. Porque relajarme.
   b. Para relajación.
   c. Porque necesito relajarme.
6. **¿Para qué haces ese curso?**
   a. Para encuentro un trabajo mejor.
   b. Porque quiero encontrar un trabajo mejor.
   c. Porque encontrar un trabajo mejor.

Cultura

15 Marca si estas afirmaciones son verdaderas o falsas.

1. La palabra *México* es de origen español. .... V F
2. La palabra *México* significa 'en el ombligo del sol'. .... V F
3. En México se hablan más de sesenta lenguas indígenas. .... V F
4. En México está la pirámide más grande del mundo, la Gran Pirámide de Cholula. .... V F
5. Ciudad de México está en la costa y es una ciudad famosa por sus playas. .... V F
6. El mariachi es un género mexicano de música clásica. .... V F
7. La Constitución mexicana no reconoce ninguna lengua como oficial. .... V F

15a Ahora corrige las afirmaciones falsas según lo que has aprendido en la unidad.

....

....

....

....

16 Relaciona las palabras del recuadro con su imagen correspondiente.

a. mariachi | **b.** zumba | **c.** Cancún | **d.** fauna mexicana | **e.** Diego Rivera | **f.** *México* en náhuatl

17 Completa el siguiente texto sobre la Gran Pirámide de Cholula con las palabras del recuadro.

naturaleza | superpuestas | grande | católica | artificial | cima | Puebla

La Gran Pirámide de Cholula, la más [1] .... del mundo teniendo en cuenta su base, está situada en el centro del estado mexicano de [2] .... Su construcción comenzó al inicio de la era cristiana y se cree que tardó entre 500 y 1000 años en terminarse. La pirámide es una montaña [3] ...., ya que las pirámides en Mesoamérica[1] intentaban imitar la [4] .... Está formada por siete pirámides [5] ...., y cada una de ellas cubre la totalidad de la pirámide anterior. La apariencia actual de la gran pirámide es la de una montaña. En la [6] .... se encuentra una iglesia [7] .... que fue construida por los españoles en 1594.

Adaptado de https://www.ecured.cu/Gran_pir%C3%A1mide_de_Cholula

[1] *Mesoamérica* es una palabra que se refiere al territorio que ocupaban las civilizaciones prehispánicas: la mitad sur del actual México, Guatemala, El Salvador, Belice y el oeste de Honduras y Nicaragua.

Unidad 2 Estamos de fiesta

Palabras

1 Fíjate en las imágenes y completa las palabras con las letras que faltan.

1. p .... á .... n ....

2. .... s c.... d ....

3. .... p .... s

4. .... st .... l .... s

5. .... e .... h ....

6. t .... m .... e ....

2 Escribe las categorías del recuadro en el grupo de alimentos adecuado y luego marca el intruso de cada grupo.

Fruta | Verdura | Dulces | Lácteos

1. ....
   a. lechuga
   b. cebolla
   c. tapa
   d. zanahoria
   e. tomate

2. ....
   a. mantequilla
   b. jamón
   c. queso
   d. leche
   e. yogur

3. ....
   a. plátano
   b. manzana
   c. arroz
   d. naranja
   e. piña

4. ....
   a. helado
   b. chocolate
   c. pan
   d. tarta
   e. pasteles

3 Relaciona cada palabra del recuadro con su imagen correspondiente.

a. cuchara | **b.** botella | **c.** vaso | **d.** taza | **e.** tenedor | **f.** servilleta | **g.** cuchillo | **h.** plato

3a Completa cada frase con la palabra adecuada de la actividad anterior.

1. Utilizo la .... para tomar la sopa.
2. El agua normalmente se sirve en un .... que suele ser de cristal.
3. Por la mañana, me encanta tomar una .... de chocolate caliente.
4. Normalmente servimos la comida en un ....
5. El .... se usa para cortar la carne, la fruta o un trozo de tarta.
6. Cuando como, me limpio la boca y los dedos con una ....
7. Cuando voy a un restaurante chino, siempre pido un ...., no sé comer con palillos.
8. El agua está en una .... de plástico.

4 Relaciona.

1. ¡Muy	a. viaje!
2. ¡Muchas	b. vacaciones!
3. ¡Felices	c. aproveche!
4. ¡Buena	d. suerte!
5. ¡Que	e. felicidades!
6. ¡Buen	f. bien!
7. ¡Feliz	g. cumpleaños!

4a Reacciona usando la expresión adecuada de la actividad anterior. Hay dos expresiones que valen para la misma situación.

1. Me voy a Roma. ....
2. Hoy es mi cumpleaños. ....
3. Bueno, voy a comer. ....
4. Hoy tengo un examen. ....
5. Me voy dos semanas a la playa. ....

5 Fíjate en las imágenes. Marca aquellas en las que se puede decir *¡Enhorabuena!*

6 Lee y responde según tu experiencia.

Si no sabes una palabra, pero sí conoces una relacionada con ella, ¿intentas imaginar cómo se dice esa palabra? Marca qué haces si, por ejemplo, conoces la palabra *cantar* pero no cómo se dice la persona que canta.

1. Prefieres no decir nada o preguntar antes que inventar. .... SÍ NO
2. Piensas en otras palabras que se derivan de verbos y lo intentas aplicando el mismo modelo. .... SÍ NO
3. Te inventas una terminación. .... SÍ NO
4. Describes lo que quieres decir; por ejemplo, es la persona que canta, para no decir una palabra que no sabes. .... SÍ NO

Gramática

7 **Observa la imagen y completa las frases.**

1. Lidia es .... alta .... Juan.
2. Álex es .... delgado .... Lidia.
3. Hugo es .... alto .... Julia.
4. Juan y Julia son .... morenos .... Hugo.
5. Lidia tiene el pelo .... claro .... Julia.
6. Juan es .... alegre .... Hugo.
7. Álex está .... contento .... todos.
8. Hugo es .... moreno .... Álex.
9. Julia es .... alta .... los demás.

8 [4] **Escucha y marca verdadero o falso.**

1. Los horarios de Marruecos se parecen menos a los españoles que los europeos. .... V F
2. Los españoles comen más tarde que el resto de los europeos. .... V F
3. Para los españoles, el mediodía es entre la una y las dos. .... V F
4. En Egipto y en Marruecos cenan tan tarde como en España. .... V F
5. Los españoles cenan dos o tres horas más tarde que en el resto de Europa. .... V F
6. Los italianos se acuestan tan tarde como los españoles. .... V F

8a **Ahora lee y comprueba tu respuesta anterior.**

Los horarios en España son muy distintos a los que tienen en el resto de Europa, incluso en países mediterráneos como Italia o Grecia. Los horarios en que los españoles comen, cenan o se acuestan se parecen más a los horarios de países como Marruecos, Túnez o Egipto; son prácticamente los mismos.

Los italianos, por ejemplo, suelen comer a las doce y media o la una, mientras que los españoles comen normalmente entre las dos y las tres, igual que en los países del otro lado del Mediterráneo. Cuando un español habla del mediodía, se refiere a la hora de comer, a las dos o a las tres. Por eso, si alguna vez un español te dice: "Nos vemos a mediodía", pregunta la hora exacta si no quieres estar esperando durante dos o tres horas. También en España, como en Marruecos o en Egipto, se cena tarde, alrededor de las diez o incluso después; mientras que en el resto de Europa se cena mucho antes, entre las siete y las ocho.

También la hora de irse a dormir es más tarde en España, entre las once y media y la una. Solo en los países del norte de África puedes ver a tanta gente por la calle como en España después de las once.

9 **Escribe un texto de unas setenta palabras para comparar los horarios de tu país con los de España.**

....

....

....

....

....

....

....

10 Completa las frases con la forma adecuada de los verbos *ser* o *estar*.

1. Aquel .... el colegio donde estudia mi hermano pequeño.
2. El sofá que .... al lado del blanco .... más barato.
3. Yo .... ya bastante cansado y .... solo las diez de la mañana.
4. Marta no .... tan seria, es que hoy .... preocupada.
5. Juan y yo .... muy amigos, pero últimamente .... enfadado con él.
6. La chica que .... con Raquel .... Silvia. Ella .... la novia de su hermano; creo que .... peruana.
7. Mi móvil .... roto, no funciona. ¿Dónde .... el tuyo?
8. La casa .... muy fría. .... normal, todas las ventanas .... abiertas.

11 Elige la opción correcta.

1. Eva hoy **es/está** muy rara.
2. Los hermanos de Javi **son/están** altos.
3. La puerta del salón **es/está** cerrada.
4. ¿Por qué **eres/estás** tan contento?
5. El trabajo ya **es/está** terminado.
6. No me gusta esa novela, **es/está** una historia muy triste.
7. Antonio **es/está** un primo de mi novia.
8. Gracias, Miguel, **eres/estás** muy amable.
9. ¿**Eres/Estás** enfermo? ¿Qué te pasa?

12 Steve tiene algunos problemas con *ser* y *estar*. Corrige los errores del correo electrónico que ha escrito.

De: Steve | Para: Nuria | Asunto: Estudiando español

Hola, Nuria:

¿Cómo estás? Yo soy muy contento; estoy en segundo curso de español y creo que ahora hablo mucho mejor, ¿no crees? Estudio en una escuela nueva que está muy cerca de mi casa. La profesora es española, está de Sevilla. Es muy simpática y, además, está muy buena profesora. Sus clases son bastante divertidas y aprendemos muchas cosas. Las clases son dos días a la semana. Mi grupo está muy pequeño, estamos tres chicos y cuatro chicas. Todos son bastante simpáticos. Bueno, y tú, ¿en qué curso eres de inglés?

Steve

13 Relaciona las descripciones con su imagen correspondiente.

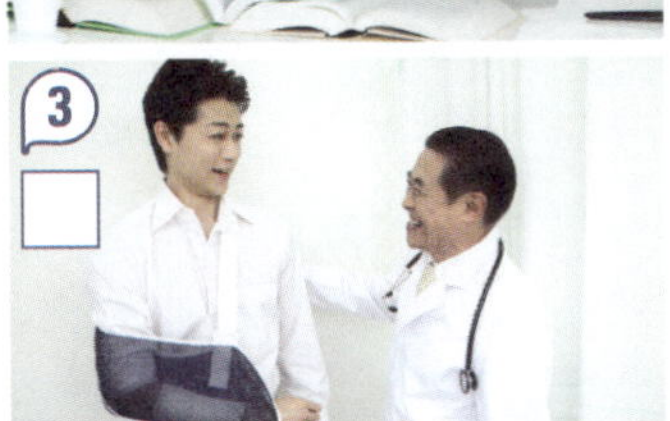

a. Es una chica, tiene el pelo castaño y es bastante joven. Normalmente es muy activa, pero ahora está enferma, por eso está en la cama.

b. Es un chico joven. Es muy moreno y bastante guapo. Es estudiante y está muy contento porque está en su coche nuevo.

c. Es Hiro, es japonés y no es muy joven, tampoco es muy alto. Es médico y ahora está en el hospital con un paciente.

d. Es rubia. Tiene el pelo largo y rizado y los ojos claros. Es una niña pequeña. Ahora está en el campo.

e. Es un hombre joven, es moreno. Está en la oficina y está enfadado porque tiene mucho trabajo.

f. Es una profesora. Es morena, tiene el pelo largo y es bastante joven. Está en la clase y está un poco preocupada.

13a Fíjate en el chico de la imagen y escribe su descripción siguiendo los modelos de la actividad anterior.

....

....

....

....

....

....

14 Elige el ejemplo correcto para cada uso de los verbos *ser* y *estar*.

1. Estado o situación provisional.
   a. Juana es muy simpática.
   b. El parque no está muy lejos de aquí.
   c. La comida ya está preparada.
   d. El profesor está un poco resfriado.
2. Relación personal o de pertenencia.
   a. La película es muy interesante.
   b. La Habana está en Cuba.
   c. Sara y David son hermanos.
   d. Es un queso muy bueno, el mejor de la región.
3. Resultado de una acción.
   a. Mi madre está feliz.
   b. Ya está planchada toda la ropa.
   c. Creo que estáis demasiado estresados.
   d. El periódico está en la mesa del comedor.
4. Calidad de las cosas.
   a. Este móvil es demasiado pequeño.
   b. Creo que ese es el coche de Susana.
   c. Su último libro es bastante bueno.
   d. La mesa es de madera y cristal, es muy bonita.
5. Identificar.
   a. Juan y Sonia son muy amigos.
   b. Estas son las gafas de Jaime.
   c. El agua de esta ciudad es muy buena.
   d. Este es un dulce típico de mi país.
6. Describir el carácter de las personas.
   a. Ana está muy preocupada hoy.
   b. Juan es muy alegre y sociable.
   c. Mi hermano está bastante enfadado.
   d. Mi profesora hoy está muy nerviosa.

15 Clasifica las palabras del recuadro en la tabla.

rápido/a | enfadado/a | fiel | valiente | de buen humor | enfermo/a | inteligente | increíble | roto/a | preocupado/a

Ser	Estar

16 Lee y responde según tu experiencia.

Hay actividades de gramática que consisten en identificar errores y corregirlos. ¿Cómo haces este tipo de actividades?

1. Repasas primero las reglas de gramática del tema de la actividad. .... SÍ NO
2. Aplicas las reglas de gramática según las recuerdas. .... SÍ NO
3. Corriges todo aquello de lo que dudas. .... SÍ NO
4. Corriges solo aquello de lo que estás seguro. .... SÍ NO

Cultura

17 Escribe las palabras del recuadro debajo de la imagen correspondiente.

regalo | piñata | palmada | baile | harina | vestido

1 
....

2 
....

3 
....

4 
....

5 
....

6 
....

18 Lee los textos y marca qué tres países no se corresponden con la tradición que se menciona.

1. ☐ En México despiertan a la persona que cumple años con la canción popular *Las mañanitas* y, en la fiesta, hay una piñata.
2. ☐ En España y Argentina le tiran de las orejas tantas veces como años cumple.
3. ☐ En Paraguay, en cambio, no le tiran de las orejas, sino que le tocan el brazo.
4. ☐ En Puerto Rico la mantean, es decir, la cogen de brazos y piernas y la levantan tantas veces como años cumple.
5. ☐ En República Dominicana le echan agua encima para felicitarla.
6. ☐ En Chile le llenan la cabeza de harina y huevo y le dan palmadas en la espalda.

19 Ordena los párrafos. Luego escucha y comprueba.

[4]

a. ☐ En mi país la fiesta de las quinceañeras es una gran celebración a la que están invitadas muchas personas: la familia, que es siempre muy grande, con muchos tíos y primos,

b. ☐ una invitación a todas esas personas y ahí se indica el día, la hora y el sitio en que tendrá lugar la celebración. Por lo general, se celebra en

c. ☐ se comen muchos platos y dulces. Al final de la comida, la joven recibe los regalos de sus invitados y, para terminar, hay un gran baile que dura hasta la noche.

d. ☐ todos los amigos y, también, muchos compañeros y compañeras de la escuela. Normalmente, un mes antes, enviamos

e. ☐ llega con su padre y da inicio a la celebración bailando un vals con él. Después la gente se sienta y hay un gran banquete;

f. ☐ algún restaurante amplio o en alguna sala de fiestas, como las de las bodas. La quinceañera, vestida como una princesa,

Unidad 3 Viajes con encanto

Palabras

1 Elige la opción correcta.

1. Nos alojamos en un .... muy caro.
   a. hotel b. equipaje c. albergue
2. ¿Tienes ya el .... de avión?
   a. seguro b. albergue c. billete
3. Llevo poco ...., solo la mochila.
   a. viaje b. equipaje c. billete
4. Alojarse en un .... es más barato.
   a. seguro b. hotel c. albergue
5. Conviene tener un .... de viaje.
   a. seguro b. guía c. avión
6. En el aeropuerto venden .... de viaje.
   a. billetes b. equipajes c. guías

2 Completa estas frases con las palabras adecuadas.

1. Si vas a un hotel y tienes incluidas las tres comidas principales (desayuno, comida y cena), tienes pensión ....
2. Si en el hotel te incluyen el desayuno y la comida o la cena, tienes .... pensión.
3. Cuando haces una reserva con ...., la haces un tiempo antes.
4. Para poder disfrutar sin preocupaciones, es aconsejable tener un .... de viaje.
5. La maleta pequeña que puedes subir al avión se llama equipaje de ....; el resto del equipaje lo debes ....
6. Cuando en el hotel tienes alojamiento y comida y bebida sin límites, tienes ....

3 Relaciona.

1. Sacar	a. un albergue.
2. Alojarse en	b. un coche.
3. Consultar	c. el billete de avión.
4. Alquilar	d. una excursión.
5. Hacer	e. el equipaje.
6. Facturar	f. una guía.

3a Elige tres de las expresiones anteriores y escribe una frase con cada una de ellas.

1. ....
2. ....
3. ....

4 Fíjate en las imágenes. Escribe una frase para describir lo que hacen las personas de las fotografías.

1

....

2
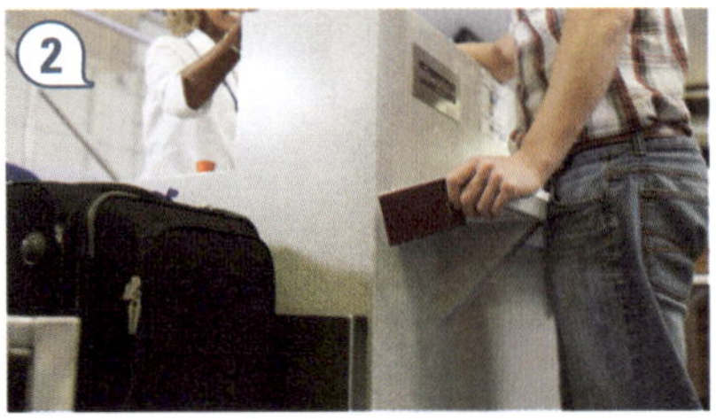
....

3

....

5 Lee el correo electrónico de Manuel y marca verdadero o falso.

De: Manuel Para: Susana Asunto: Vacaciones

Hola, Susana:
¿Qué tal tus vacaciones? Las mías muy bien. En junio me fui un par de semanas a la playa. Mi novia y yo reservamos un hotel con pensión completa. Así es más barato y también más cómodo, no tienes que buscar restaurantes todo los días para desayunar, comer y cenar. Lo mejor fue el desayuno, muy completo; lo peor, la cena. Por eso alguna vez cenamos fuera en restaurantes del paseo marítimo. Fuimos a un pueblo costero del norte de España en el que vive nuestro amigo Carlos y algunos días quedamos con él y su familia. Fueron unos días increíbles: tomamos el sol, nos bañamos, alquilamos unas tablas para hacer surf y comimos marisco casi a diario. Ya estamos pensando en reservar una habitación para volver y alojarnos en el mismo hotel.
Un beso,
Manuel

1. Manuel fue de vacaciones con su amigo Carlos. .... V F
2. A Manuel le encantó el desayuno. .... V F
3. Fueron a un pueblo costero del sur. .... V F
4. Practicaron deporte en la playa. .... V F
5. Comieron marisco todos los días. .... V F
6. Ya han reservado porque quieren volver al mismo hotel. .... V F

6 Clasifica las acciones del recuadro en la tabla.

Sacar el billete de avión. | Hacer excursiones. | Contratar un seguro de viaje. | Comprar una guía. | Bañarse. | Reservar el hotel. | Tomar el sol. | Visitar museos.

Antes del viaje	Durante el viaje

7 Ordena las letras de los globos para completar estas frases.

1. r c o r r e r e › .... toda la ciudad a pie.
2. r s b a u c › .... información en una guía.
3. s a a p r › ....una semana en la playa.
4. a v t i s i r › .... exposiciones y museos.

8 Escribe una redacción de unas ochenta palabras sobre tu último viaje. Cuenta cómo lo preparaste, dónde fuiste, dónde te alojaste, qué hiciste, etc.

....
....
....
....
....
....
....
....

Gramática

9 Completa la tabla con las formas que faltan del pretérito indefinido regular.

	Trabajar	Beber	Subir
yo	trabajé	[4]	subí
tú	[1]	bebiste	[7] ....
él, ella, usted	[2]	bebió	subió
nosotros/as	trabajamos	[5]	[8] ....
vosotros/as	[3]	bebisteis	[9] ....
ellos, ellas, ustedes	trabajaron	[6]	subieron

10 Completa la tabla con las formas que faltan del pretérito indefinido irregular.

	Ser/Ir	Tener	Hacer	Estar	Ver	Dar
yo	[1]	tuve	[7]	estuve	[13]	[16] ....
tú	fuiste	[4]	[8]	estuviste	viste	[17] ....
él, ella, usted	[2]	tuvo	hizo	[10]	vio	dio
nosotros/as	fuimos	[5]	hicimos	[11]	[14]	dimos
vosotros/as	[3]	tuvisteis	[9]	estuvisteis	[15]	disteis
ellos, ellas, ustedes	fueron	[6]	hicieron	[12]	vieron	[18] ....

11 Ordena estas expresiones de tiempo desde la más próxima al presente a la más lejana; luego escribe una frase con cada una de ellas.

hace dos años
el mes pasado
anteayer
anoche
el año pasado
en 2015
hace tres días

1. ....
2. ....
3. ....
4. ....
5. ....
6. ....
7. ....

12 Escucha y relaciona cada acción con el momento en que se hizo.

[5]

1. Tener un entrevista.
2. Ver una película.
3. Estar en la playa.
4. Hacer un examen.
5. Ir al supermercado.
6. Escribir una novela.

a. hace dos años
b. anteayer
c. el mes pasado
d. anoche
e. en 2009
f. el otro día

12a [5]

Completa lo que dicen escribiendo los verbos entre paréntesis en pretérito indefinido. Luego escucha de nuevo y comprueba tu respuesta.

1. Recuerdo perfectamente cuando .... (tener, yo) mi primera entrevista de trabajo, hace ya varios años. Dos, si no me equivoco.
2. ¿Recuerdas el título de la película que .... (ver, tú) anoche?
3. Mis amigos .... (estar) anteayer en la playa. Yo no .... (ir) porque estos días tengo mucho trabajo.
4. Mi hijo .... (hacer) su último examen el mes pasado.
5. Estoy haciendo una tortilla de patatas. Es que el otro día mi hermano .... (ir) al supermercado y .... (comprar) una de esas que ya están cocinadas y cuando .... (llegar) a casa, ni mis padres ni yo la .... (probar). Así que hoy la voy a hacer yo.
6. Este autor .... (escribir) su novela más internacional en 2009.

13 [6]

Escucha a Ramón hablando de sus últimas vacaciones y marca las cinco imágenes que tienen relación con su viaje.

13a [6]

Relaciona para formar frases. Luego vuelve a escuchar el audio y comprueba tu respuesta.

1. El verano pasado hice
2. Fui allí para
3. Luego estuve varios días
4. Solo fui a la playa
5. Hice la ruta de
6. No tuve tiempo para
7. Comimos juntos
8. En Córdoba cogí

a. en un *camping* en Tarifa.
b. a descansar.
c. y dimos un paseo corto.
d. un viaje por varios lugares de Andalucía.
e. visitar la mezquita.
f. otra vez el tren.
g. hacer un curso de cocina.
h. los pueblos blancos.

14 Lee el blog de Manuela y marca verdadero o falso.

www.blogdemanuela.es

El viaje que me cambió la vida

Hace dos años terminé la escuela. Me tomé algún tiempo para decidir qué hacer después: empezar a estudiar Física en la universidad o viajar durante un año o dos para aprender idiomas. Decidí viajar, hablé con mis padres y ellos estuvieron de acuerdo.

Pensé en varias posibilidades: viajar a China y aprender chino, a Estados Unidos para mejorar mi inglés o a Francia para estudiar francés, un idioma que siempre me ha gustado. Después de pensarlo un tiempo y de buscar información en internet, decidí ir a Francia. París fue mi primer destino. Los dos primeros meses estudié en una academia y luego empecé a trabajar de camarera en una cafetería. Esos meses fueron un poco duros, pero después fue muy interesante; aprendí bastante francés y conocí a mucha gente. A los cuatro meses, hice las maletas y me fui a Nueva York. Durante el primer mes en la ciudad, busqué trabajo, pero no tuve mucha suerte. Luego conocí a otra española y ella me dio el contacto de un hotel. Fui allí y me ofrecieron un trabajo en la recepción. Fue muy útil porque eso me obligó a practicar inglés y a tratar con gente de todo el mundo. Estuve en Estados Unidos cinco meses y conocí a mucha gente interesante, entre ellos a un chico sueco, Sven, camarero en el mismo hotel que yo. Desde Estados Unidos Sven y yo nos fuimos a África para dar clases de Matemáticas en una escuela. Fueron los tres meses más increíbles de mi vida. Trabajé mucho, no gané dinero, pero nunca me he sentido más rica y satisfecha.

Esta semana he vuelto a casa y he decidido que no voy a estudiar Física, que prefiero estudiar Trabajo Social y volver a África. Sven va a estudiar Economía en su país para poder empezar juntos un proyecto social.

1. Manuela empezó a estudiar Física. .... V F
2. A los padres de Manuela les pareció bien su decisión. .... V F
3. Los cuatro meses en Francia fueron difíciles. .... V F
4. En Francia, Manuela trabajó en una cafetería. .. V F
5. Manuela decidió no viajar a China. .... V F
6. Manuela estudió francés en la universidad. ...... V F
7. Sven y Manuela se conocieron en Francia. .... V F
8. Sven y Manuela hicieron el mismo trabajo en Estados Unidos. .... V F
9. Para Manuela, la experiencia en África fue extraordinaria. .... V F
10. Después del viaje, Manuela no ha cambiado de opinión sobre sus estudios. .... V F

14a Responde a estas preguntas sobre el texto anterior.

1. ¿Para qué se tomó un tiempo Manuela después de la escuela? ....
2. ¿En qué destinos pensó y por qué? ....
3. ¿Qué tres trabajos realizó Manuela en sus viajes por el mundo? ....
4. ¿Quién es Sven? ¿Dónde fue con Manuela? ....
5. ¿Por qué dice Manuela que nunca se ha sentido más rica? ....

14b Fíjate en estas imágenes y escribe debajo de cada una qué momento muestra de los viajes de Manuela.

1. ....

2. ....

3. ....

4. ....

15 Relaciona cada nombre con su imagen correspondiente.

1 ☐

a. volcán Rano Kau
b. *ahu* o plataforma ceremonial
c. *pukao*
d. etnia rapanuí
e. moái

2 ☐

3 ☐

4 ☐

5 ☐

16 Relaciona las frases con las cantidades que les corresponden.

1. Número de moáis en la isla de Pascua.
2. Número de *pukao*.
3. Altura media en metros de los moáis.
4. Peso aproximado en toneladas.
5. Estatuas superiores a diez toneladas.

a. cinco
b. de treinta a cuarenta
c. novecientos
d. cincuenta y ocho
e. cuatro y medio

17 Lee las frases y marca verdadero o falso.

1. El nombre completo de las estatuas es *moai aringa ora*. .... V F
2. Los rapanuís construyeron las estatuas para representar a sus hijos. .... V F
3. Los *pukao* son una especie de sombrero que llevan algunos de los moáis. .... V F
4. *Mana* es el poder espiritual de los muertos. .... V F
5. La altura media de los moáis es de cinco metros. .... V F
6. Se han registrado más de mil moáis en la isla de Pascua. .... V F
7. La mayor parte de los moáis están en la cantera de Rano Raraku. .... V F

18 Completa el texto con las palabras del recuadro.

roca | pares | lluvia | trompeta | cima | jardín | interior | instrumento

En la isla de Pascua también debes visitar el [1] .... botánico Tau Kiani, con más de 1200 variedades de plantas y construido en madera y [2] .... volcánica; tiene 5000 m² de extensión. Tampoco te puedes perder el Pu o Hiro, al norte de la isla, [3] .... musical tallado en una enorme piedra; una especie de [4] .... que era usada en ceremonias rituales. El moái Ahu Huri a Urenga es impresionante; situado en el [5] .... de la isla, es el único que tiene dos [6] .... de manos. También hay que ir a la [7] .... del volcán Poike. Puedes subir a pie y ver una enorme cabeza de piedra llamada *Vai a Heva*, que se cree que fue utilizada para recoger agua de [8] ....

Unidad 4 Hemos conectado

Palabras

1 Escribe la letra de cada icono en su lugar correspondiente.

1. Si quieres copiar ☐ las fotos, tienes que pulsar en este icono.
2. Para cambiar el documento de sitio, puedes cortarlo ☐ y luego pegarlo ☐.
3. Por la tarde, siempre chateo ☐ un rato con mis amigas.
4. Debes guardar ☐ con frecuencia, para no perder la información.
5. En este sitio puedes subir ☐ fotos y vídeos para compartirlos ☐ y también bajar ☐ los que te gustan.
6. Si das al icono de buscar ☐ y pones algún dato del documento, lo puedes encontrar sin problemas, seguro.
7. Algunos días paso mucho tiempo navegando ☐ por internet.
8. ¿Lo has imprimido ☐ ya? Entonces puedes eliminarlo ☐ cuando quieras.

2 Elige el verbo correcto.

1. No puedo **descargarme/cortar** la película.
2. **Pega/Guarda** el trabajo antes de apagar el ordenador.
3. **Cópialo/Bórralo** y luego **pégalo/súbelo**.
4. He **impreso/subido** a Instagram una nueva foto.
5. Si quieres la foto en papel, **imprímela/compártela**.
6. **Busca/Elimina** esa información en el navegador.
7. **Elimina/Guarda** ese archivo, no sirve.
8. Solo **bajo/comparto** fotos con mis amigos y amigas.

3 Forma frases con un elemento de cada columna.

1. Marta sube	a. las fotos del viaje con sus amigos y amigas.
2. Jesús busca	b. los documentos que no son necesarios.
3. Sofía y Nuria comparten	c. el trabajo para dárselo a su profesora.
4. Tú eliminas	d. el vídeo a la plataforma.
5. Carmen imprime	e. información en internet.

4 Relaciona cada palabra con su imagen correspondiente.

a. pantalla | b. ratón | c. cámara | d. móvil | e. ordenador | f. impresora

1 ☐

2 ☐

3 ☐

4 ☐

5 ☐
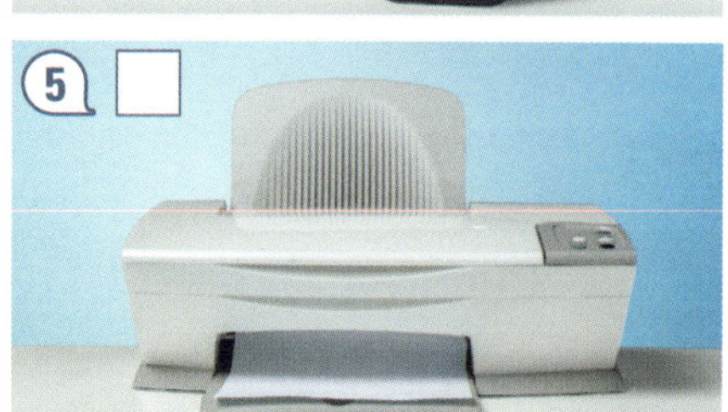

6 ☐

5 Relaciona cada palabra con su significado. Luego escucha y comprueba.

[7]

1. contraseña
2. usuario
3. teclado
4. aplicación
5. móvil
6. dispositivo

a. Persona que utiliza algo.
b. Programa diseñado para los teléfonos móviles.
c. Mecanismo que realiza una función concreta.
d. Combinación secreta de letras o números que permite acceder al ordenador, a sitios web, etc.
e. Teléfono que se puede llevar a cualquier lugar.
f. Lo forman botones que representan las letras, los números, comandos, etc.

6 Elige la opción correcta.

1. **Para llegar a esa web, tienes que hacer clic en el ....**
   a. dispositivo b. portátil c. teclado d. enlace
2. **Cuando hablamos de ...., nos referimos al móvil, a la impresora, al ordenador, etc.**
   a. dispositivos b. celulares c. contraseñas d. aplicaciones
3. **Tengo una .... en el móvil que permite grabar las llamadas.**
   a. impresora b. pantalla c. aplicación d. cámara
4. **Yo suelo .... la música de internet.**
   a. navegar b. subir c. descargar d. borrar

7 Escribe las palabras relacionadas con la informática que representan las imágenes. Cuatro de ellas se usan con otro significado. Márcalas y añade el segundo significado.

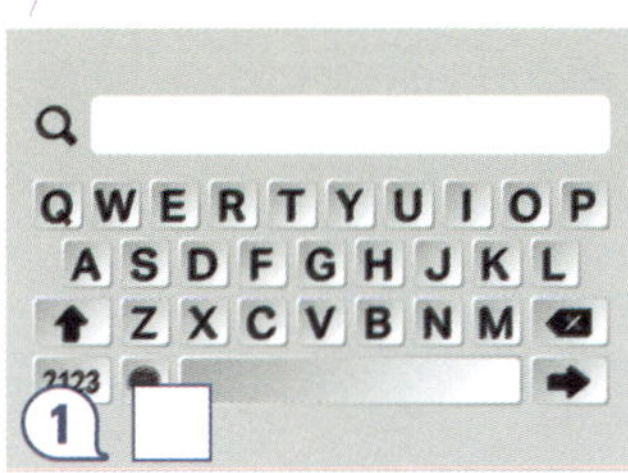

1 ☐ ....

2 ☐ ....

3 ☐ ....

4 ☐ ....

5 ☐ ....

6 ☐ ....

7 ☐ ....

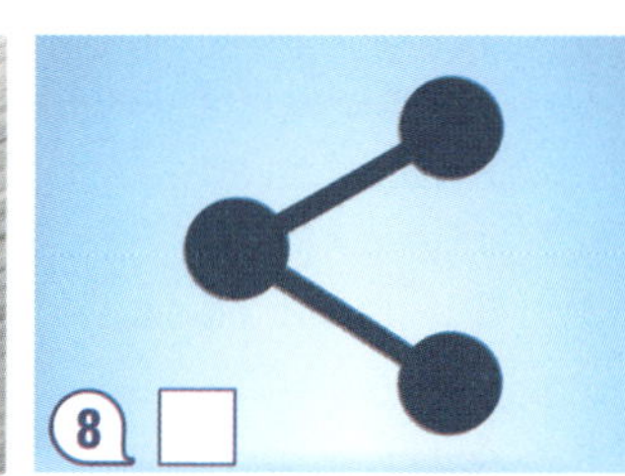
8 ☐ ....

8 Relaciona cada palabra con su sinónimo.

1. computadora
2. móvil
3. ratón

a. *mouse*
b. ordenador
c. celular

8a ¿Qué palabras de las anteriores son propias del español de América? Escribe una frase con cada una de ellas.

....

....

....

Gramática

9 Completa la tabla con las formas que faltan del pretérito perfecto regular.

	Hablar	Comer	Vivir
yo	[1]	he comido	he vivido
tú	has hablado	has comido	[6] ....
él, ella, usted	ha hablado	[4]	ha vivido
nosotros/as	[2]	hemos comido	hemos vivido
vosotros/as	habéis hablado	[5]	habéis vivido
ellos, ellas, ustedes	[3]	han comido	han vivido

10 Completa las frases escribiendo los verbos entre paréntesis en pretérito perfecto.

1. Esta tarde .... (salir, vosotros) de clase muy pronto.
2. Me .... (llamar) Eva hace un rato y .... (quedar, nosotras).
3. ¿.............................. (Leer, usted) el periódico esta mañana?
4. Hoy .... (levantarse, yo) temprano, ... (desayunar) y .... (ir) al gimnasio.
5. ¿.............................. (Estar, tú) alguna vez en esa tienda? Tienen cosas bonitas y baratas.
6. Esta semana .... (cenar, nosotros) fuera varias veces.
7. ¡Ya están aquí! ¿A qué hora .... (llegar, ustedes)?
8. Solo han faltado Ramón y Julia, no .... (venir) porque .... (tener) un problema en casa.

11 Clasifica los verbos del recuadro en la tabla.

escribir | correr | poner | decir | encontrar | hacer | romper | pensar | ver | viajar | volver | abrir

Participio regular	Participio irregular

11a Completa las frases con los participios de los verbos de la actividad anterior.

1. Este año hemos .... mucho, hemos visitado más de diez países.
2. No sé quién ha .... este libro, algún autor joven.
3. Este plato lo he .... yo, es una receta peruana.
4. He .... unas gafas en el baño; las he .... encima de la mesa.
5. ¿Cuántos kilómetros has .... esta mañana?
6. No sé a qué hora han ...., poco antes de la cena.
7. ¿Habéis .... ya lo que queréis hacer?
8. ¿Has .... quién ha .... el ordenador? No funciona.
9. Nos ha .... la profesora que el examen va a ser el martes.
10. Han .... la tienda a las nueve y la han cerrado hace media hora.

12 Completa el texto escribiendo los verbos entre paréntesis en pretérito perfecto.

Esta mañana [1] .... (levantarse, yo) pronto y [2] .... (desayunar) un café y unas tostadas. Después [3] .... (salir) de casa y [4] .... (coger) el autobús para ir al trabajo. En la oficina [5] .... (escribir) un informe, [6] .... (hacer) varias llamadas y [7] .... (terminar) un trabajo pendiente. Antes de volver a casa, [8] .... (ir) con una compañera al cine y [9] .... (ver, nosotros) una película estupenda.

13 Jorge cuenta algunas de las cosas más interesantes que ha hecho en su vida. Lee el texto y luego completa la tabla con tus propias experiencias.

> Creo que en mi vida he hecho bastantes cosas interesantes. Sin duda la más importante es que me he casado y he tenido dos hijos; ser padre es la experiencia que más me ha cambiado. También he tenido diferentes empleos: he sido reportero gráfico, fotógrafo de moda… Por trabajo, he vivido en diferentes ciudades, he viajado por los cinco continentes y he conocido a bastante gente famosa. También he escrito un libro sobre mis viajes. Recientemente he sido abuelo y me he jubilado.

	Ya…	Todavía no…
Casarme.		
Tener hijos.		
Tener un trabajo.		
Vivir en diferentes ciudades.		
Visitar los cinco continentes.		
Conocer a gente famosa.		
Escribir un libro.		
Ser abuelo/a.		
Jubilarme.		

14 Escribe un texto de unas cincuenta palabras sobre experiencias interesantes que has tenido en tu vida y sobre cosas que esperas hacer, pero que aún no has realizado.

15 [8] Fíjate en las imágenes. Escucha la conversación de Jaime con su madre y marca las acciones que mencionan.

1 

2 

3 

4 

5 

6 

7 

8 

15a [8] Vuelve a escuchar y escribe en la tabla qué acciones ya ha realizado Jaime y cuáles todavía no.

Ya...	Todavía/Aún no...

16 Relaciona.

1. Nunca he estado en Lima.
2. ¿Nadie ha terminado el ejercicio todavía?
3. Me ha encantado la película.
4. ¿Ya han llegado todos?
5. Ni has hecho el trabajo ni me has ayudado con el mío.

a. No, todavía no están ni Javier ni Susana.
b. Ya, pero en una hora he terminado y hacemos el tuyo.
c. Aún no, nos has dado muy poco tiempo.
d. Yo tampoco, pero tengo ganas de ir.
e. A mí no me ha gustado mucho, me ha parecido muy rara.

17 Contesta a las preguntas de esta encuesta sobre internet eligiendo el marcador apropiado.

En la última semana...	No	Todavía no	Alguna vez	Muchas veces
1. ¿Has bajado música?	☐	☐	☐	☐
2. ¿Has compartido fotos?	☐	☐	☐	☐
3. ¿Has subido algún vídeo?	☐	☐	☐	☐
4. ¿Has chateado con tus amigos y amigas?	☐	☐	☐	☐
5. ¿Has escrito algún correo electrónico?	☐	☐	☐	☐
6. ¿Has visitado algún blog?	☐	☐	☐	☐
7. ¿Has leído algún periódico digital?	☐	☐	☐	☐
8. ¿Has comprado algo en línea?	☐	☐	☐	☐

18 Escribe la forma correcta de los verbos *saber* o *conocer*.

1. Yo no .... si Juan .... a Elvira.
2. Mi hermana .... seis idiomas y .... medio mundo.
3. Nosotros .... a tres chicas que .... cantar muy bien.
4. ¿.......................... vosotras mi pueblo? ¿.......................... dónde está?

19 ¿Controlas de algún modo el tiempo que dedicas al aprendizaje autónomo del español? ¿Usas alguno de estos recursos para planificarlo? Señálalo.

cronogramas | tablas horarias | gráficos | programas

19a Escribe en esta agenda cuánto tiempo has dedicado al español en la última semana y qué tipo de actividades has hecho.

Lunes	Martes	Miércoles	Jueves	Viernes	Sábado	Domingo

Cultura

20 Relaciona cada palabra con su significado.

1. plataforma
2. voluntario/a
3. virtual
4. ONG
5. difusión

a. Sin presencia física.
b. Persona que colabora con una ONG u otras organizaciones sin recibir dinero a cambio.
c. Organización no gubernamental, como Unicef, Cruz Roja, Greenpeace, etc.
d. Acción de dar a conocer entre la gente.
e. Entorno informático.

20a ¿Qué palabras de la actividad anterior relacionas con estas imágenes?

A

B

C

21 ¿Recuerdas qué es el voluntariado digital? ¿Cuál de estas definiciones te parece la correcta?

1. Donar material tecnológico a gente que lo necesita y que no tiene medios.
2. Trabajar como voluntario/a dando apoyo tecnológico a las ONG.
3. Dar apoyo, compartir conocimientos y colaborar en la difusión de proyectos desde el ordenador.

22 Elige la opción correcta.

1. **Campus Solidario...**
   a. es una universidad gratuita.
   b. son aulas virtuales donde se comparten conocimientos.
   c. es un campus virtual donde se da apoyo a estudiantes y a profesores.
2. **En Campus Solidario...**
   a. trabajas en equipo, dentro de un grupo donde todos los miembros se ayudan.
   b. puedes desarrollar tu propio proyecto tecnológico.
   c. los voluntarios imparten talleres.
3. **El voluntariado digital de Cruz Roja...**
   a. está dirigido a las personas que hacen también voluntariado presencial.
   b. es para las personas que solo pueden colaborar en línea.
   c. ofrece diferentes formas de voluntariado, tanto presencial como en línea.
4. **En el voluntariado digital de Cruz Roja...**
   a. solo puedes trabajar con gente de tu país.
   b. solo colaboran personas que han sufrido una mala experiencia.
   c. puedes ayudar a personas de otros países.
5. **El voluntariado del Tecnológico de Monterrey...**
   a. hace planes de negocios para microempresas.
   b. colabora asesorando empresas o impartiendo talleres.
   c. se ocupa del control de calidad de una microempresa.
6. **En el voluntariado del Tecnológico de Monterrey...**
   a. puedes realizar actividades comerciales en línea.
   b. puedes ocuparte de la dirección de una microempresa.
   c. asesoras a microempresas en estrategias de ventas, páginas web, etc.

Palabras

1 Lee estas definiciones y complétalas con las palabras del recuadro.

siglo | humanidad | fecha | protagonista | invento | suceso | personaje | documento

1. Un .... es algo que se crea, se diseña, se idea o se produce por primera vez.
2. Un escrito con datos de un determinado hecho histórico es un ....
3. Un .... es un periodo de cien años.
4. La persona, animal o cosa que realiza el papel principal en una historia es el ....
5. Un ser real o imaginario que forma parte de una historia es un ....
6. La .... de un acontecimiento es el momento en que sucede.
7. La .... es el conjunto de todas las personas.
8. Un hecho o acontecimiento es un ....

2 Completa el texto con las palabras de la actividad anterior en la forma adecuada.

Quizá la Segunda Guerra Mundial fue el [1] .... más importante del [2] .... pasado, Adolf Hitler su triste [3] .... y el 2 de septiembre de 1945 la [4] .... más importante, pues supuso el final del conflicto y la liberación de miles de prisioneros. Pero no debemos pensar solo en los aspectos más negativos; la historia de la [5] .... es más interesante, rica y positiva cuando la cuentan [6] .... que no estuvieron en ninguna guerra, héroes a menudo anónimos, que no aparecen en ningún [7] .... histórico, pero que con sus [8] .... y descubrimientos mejoraron nuestra vida y la cambiaron para siempre.

3 Relaciona cada imagen con su frase correspondiente.

a. El 11 de julio de 2010 es la fecha en la que España ganó el Mundial de fútbol.
b. Uno de los sucesos históricos más importantes del siglo pasado fue la llegada del hombre a la Luna.
c. Superman es un personaje que apareció por primera vez en un cómic de 1933.
d. La televisión es, quizá, el invento que más ha cambiado las costumbres de la gente.
e. Don Quijote es el protagonista de la novela más importante de la literatura española.
f. Colón llegó a América en el siglo XV, exactamente en 1492.
g. La riqueza de la humanidad es su variedad étnica y cultural.
h. El Archivo Nacional protege los documentos más significativos del país.

4 Ordena las letras de los globos para formar palabras.

1. g a o p a a d r r › ....
2. r g e o f a n › ....
3. o l g f b r a o í › ....
4. t l e e i s n v i ó › ....

4a Relaciona las palabras de la actividad anterior con estas definiciones.

a. ☐ Sistema de transmisión de imágenes a distancia.
b. ☐ Objeto que sirve para limpiar el suelo con agua.
c. ☐ Objeto que sirve para escribir con tinta.
d. ☐ Objeto que sirve para unir papeles con grapas.

5 Lee la información sobre estos inventos y marca si es verdadera o falsa.

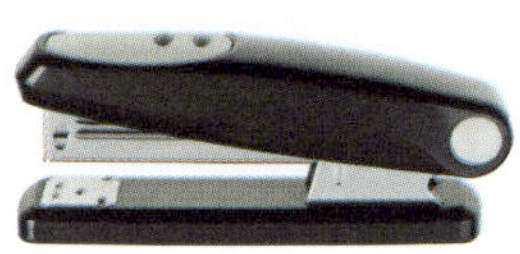

1. Manuel Jalón Corominas, húngaro de nacionalidad argentina, inventó el bolígrafo en el año 1940 con la ayuda de un hermano químico. .... V F
2. El 19 de agosto de 1940 el mexicano Guillermo González Camarena inventó la televisión en color. .... V F
3. En 1956 el ingeniero español Ladislao José Biró inventó un utensilio que llamó *friegasuelos*. .... V F
4. En 1929 Juan Solozábal y Juan Olivé, españoles, inventaron la grapadora. .... V F

6 Fíjate en las imágenes y luego elige la opción correcta en cada país.

1. En Argentina:
   a. fregona
   b. trapeador
   c. coleto
   d. escurridor
2. En Venezuela:
   a. fregona
   b. trapeador
   c. coleto
   d. escurridor
3. En Colombia:
   a. grapadora
   b. abrochadora
   c. cosedora
   d. engrapadora
4. En México:
   a. grapadora
   b. abrochadora
   c. cosedora
   d. engrapadora

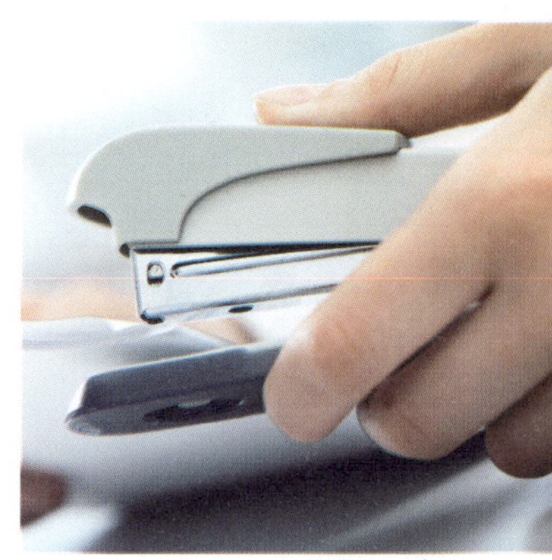

7 Lee estas estrategias para aprender vocabulario y responde *sí* o *no* según tu experiencia.

1. Siempre pongo las palabras en contexto para aprenderlas mejor. .... SÍ NO
2. Cuando veo una serie o película en español, pongo los subtítulos. .... SÍ NO
3. Descargo de internet pódcast en español. .... SÍ NO
4. Hago listados de vocabulario. .... SÍ NO
5. No solo leo las palabras, también las pronuncio y las repito. .... SÍ NO
6. Uso juegos de vocabulario en internet. .... SÍ NO

7a Escribe cinco palabras que has aprendido en este apartado.

1. .... 2. .... 3. .... 4. .... 5. ....

Gramática

8 Escribe la tercera persona del singular y del plural del pretérito indefinido de estos verbos.

1. vestirse › ...., ...
2. creer › ...., ...
3. oír › ...., ...
4. sonreír › ...., ...
5. incluir › ...., ...
6. dormir › ...., ...
7. construir › ...., ...
8. morir › ...., ...

9 Relaciona.

1. en	a. cabo de
2. el	b. enero de 2020
3. desde…	c. después
4. al	d. 4 de agosto
5. a los	e. dos semanas
6. a las	f. siguiente
7. al día	g. dos días
8. poco	h. hasta…

9a Elige seis marcadores de la actividad anterior y escribe una frase con cada uno de ellos.

1. ....
2. ....
3. ....
4. ....
5. ....
6. ....

10 Escucha a Grant hablar de su vida y completa las frases.

[9]

1. Con 25 años ....
2. Desde .... hasta ....
3. Después de ....
4. Poco tiempo después, ...
5. Al cabo de unos meses, ...
6. Un año más tarde, ...
7. Después de 20 años, ...

11 Elige la opción correcta según el pasado con el que se relaciona cada marcador temporal.

1. hoy › pretérito **perfecto/indefinido**
2. ayer › pretérito **perfecto/indefinido**
3. nunca › pretérito **perfecto/indefinido**
4. todavía no › pretérito **perfecto/indefinido**
5. el año pasado › pretérito **perfecto/indefinido**
6. este año › pretérito **perfecto/indefinido**
7. hace dos meses › pretérito **perfecto/indefinido**
8. hace un rato › pretérito **perfecto/indefinido**

12 Elige la opción correcta.

David Bisbal Ferre [1] **nace/nació/ha nacido** en Almería (España) el 5 de junio de 1979. Es un cantante español que alcanzó la popularidad en el año 2001 por su participación en la primera edición del programa de televisión *Operación Triunfo*. A lo largo de su carrera, [2] **obtiene/ha obtenido/obtuvo** el Disco de Platino en más de 48 ocasiones. Su primer álbum [3] **fui/fue/ha sido** *Corazón Latino*, Disco de Diamante en España, con el que [4] **ha ganado/ganó/gané** su primer Grammy Latino en 2003 en la categoría de mejor artista revelación; pero no [5] **han sido/ha sido/fue** su único premio. En 2012 [6] **ha conseguido/consiguió/conseguí** su tercer Grammy con *Una noche en el Teatro Real*. Estos son solo algunos ejemplos, porque son muchísimos los premios que [7] **ha ganado/ganó/gané** a lo largo de su carrera. [8] **Participó/Participé/Ha participado** en varias ediciones de *La Voz* y [9] **ha compuesto/compuso/compuse** canciones para telenovelas, películas y programas de TV. También [10] **ha colaborado/colaboró/colaboré** en causas sociales: pertenece a la fundación Red Hand, que se encarga de ayudar a niños soldados, y colabora con la fundación ALAS, que ayuda a las personas adultas con discapacidad intelectual. El 19 de abril de 2017 lo [11] **han nombrado/nombró/nombraron** embajador de UNICEF.

13 Fíjate en estas imágenes de Elena y escribe una frase usando el tiempo adecuado.

1 La semana pasada ....

2 Esta mañana ....

3 Anoche ....

4 El verano pasado ....

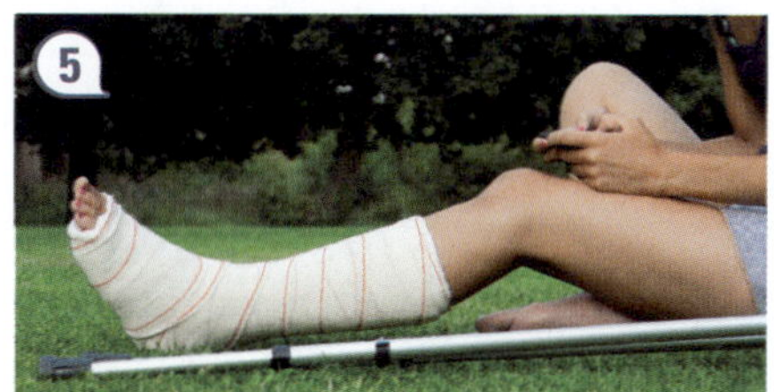

5 Este año ....

6 Hace dos semanas ....

14 Juliette está de visita en Madrid. Lee su agenda y escribe en tu cuaderno qué ha hecho ya y qué no ha hecho todavía.

Lunes

Buscar mi hotel y registrarme. ✓

Wasapear con mis amigos españoles. ✓

Martes

Coger el autobús turístico para tener una idea general de la ciudad.

Visitar el Museo del Prado. ✓

Miércoles

Comer en Casa Lucio.

Ir de tapas a Platea. ✓

Jueves

Pasear por sitios emblemáticos: la Puerta del Sol, la plaza Mayor, y hacer muchas fotos. ✓

Escribir una postal a mi familia. ✓

Viernes

Hacer el equipaje.

Hacer el *check-in* de mi billete de vuelta. ✓

Sábado

Cenar e ir a bailar con mis amigos españoles.

Domingo

Poner el despertador muy temprano.

Ir al aeropuerto.

Lunes

Volver a trabajar, ¡puf!

15 Escucha lo que Daniel cuenta sobre Bilbao en su blog de viajes y elige la respuesta correcta.

[10]

1. ¿Qué hizo crecer la población de Bilbao?
   La industrialización./La crisis económica./La modernización de la ciudad.
2. ¿Cuándo empezó la crisis económica?
   En los 60./En los 70./En los 80.
3. Ahora es una ciudad grande y moderna, ¿cuál de estos edificios la caracteriza?
   El Museo Guggenheim, de Frank Gehry./El aeropuerto, de Philippe Starck./ La Alhóndiga, de Calatrava.
4. ¿Qué calle visitó primero para comer *pintxos*?
   La calle Santamaría./Gregorio de la Revilla./Licenciado Pozas./La plaza Nueva.

16 Clasifica en la tabla las siguientes expresiones que se usan para contar una anécdota.

¡No me digas! | Cuenta, cuenta... | ¡Qué bien! | Te voy a contar una cosa... | ¿De verdad? ¿Sabes lo que me pasó...? | ¿Qué te pasó? | Pues resulta que... | ¡Qué mala suerte!

Introducir la anécdota	Mostrar interés	Reaccionar a la anécdota

16a Completa estas anécdotas de viajes con las expresiones de la actividad anterior. Puede haber varias soluciones posibles en algunos casos.

▶ ¿[1] .... cuando trabajé en China?
▷ [2] ....
▶ Un compañero me invitó a comer y me miró extrañado porque comía sin sorber ni hacer ruidos. ¡Es que allí parece que significa que la comida te gusta mucho!
▷ [3] ....

▶ [4] .... que aprendí cuando viajé por África.
▷ [5] ....
▶ [6] .... allí es señal de respeto no mirar directamente a los ojos cuando hablas con alguien, especialmente si es mayor. Todo lo contrario que aquí, así es que siempre lo hice mal.
▷ [7] ....

▶ El año pasado estuviste en Rusia, ¿no?
▷ Sí, ¡me encantó!
▶ [8] .... Tengo mucha curiosidad por las costumbres de ese país tan grande. Cuéntame alguna anécdota, hombre.
▷ ¡De acuerdo! [9] .... quedé con una amiga de Clara y le llevé flores.
▶ No me parece nada especial.
▷ Lo especial es el número de flores, que era par y parece que solo se regalan pares en los funerales. Ella se enfadó y se fue.
▶ [10] ....

17 Escribe en tu cuaderno un texto de unas cien palabras sobre alguna anécdota que has vivido.

Cultura

18 Lee el texto y complétalo con las palabras del recuadro.

Malecón | salsa | carne | Varadero | La Habana | bicicleta | vuelta | playa

El año pasado fui a Cuba con mis dos mejores amigas. Pasamos solo tres días en la capital, [1] ....; estuvimos en el [2] ...., bailamos [3] .... y paseamos mucho para hacer fotos de las casas y de los coches que tantas veces hemos visto en las revistas y guías de viaje.
Decidimos no ir a [4] .... porque es demasiado turístico, así que fuimos a la playa de Holguín, un lugar con muy poca gente y unas playas increíbles. También fuimos a playa Gibara, que es donde llegó Cristóbal Colón en 1492.
Después de cuatro días en la [5] ...., nos trasladamos a Viñales, al oeste de La Habana, y montamos en [6] .... para visitar la zona. Allí conocimos a dos chicas cubanas que nos invitaron a cenar en su casa. ¡Comimos el mejor plato de [7] .... de nuestra vida!
El último día volvimos a La Habana. Dormimos en casa de la familia de Ana, una de las chicas que conocimos en Viñales.
Durante el viaje de [8] ...., aunque era de noche, no dormimos porque estuvimos todo el tiempo viendo las fotos que hicimos… ¡Más de mil!
Ha sido el viaje más bonito de mi vida.

18a Indica si estas afirmaciones sobre el texto anterior son verdaderas o falsas.

1. Solo comieron pescado y verduras. .... V F
2. Durante el viaje de vuelta no durmieron. .... V F
3. La playa de Holguín es poco turística. .... V F
4. El Malecón está en playa Gibara. .... V F
5. Cenaron una vez en casa de unas chicas cubanas. .... V F

19 Lee el texto sobre La Habana Vieja y ordena los fragmentos.

a. ☐ En ella encontrarás todo tipo de monumentos antiguos: fortalezas, iglesias, palacios… Solo esta zona de la ciudad…

b. ☐ hasta el *art déco*. La Habana Vieja es una ciudad llena de vida, en ella viven más de 70 000 personas. Es un lugar…

c. ☐ La Habana Vieja, declarada Patrimonio de la Humanidad por la Unesco en 1982, es el casco histórico de la ciudad de La Habana, formado a partir del puerto y el centro oficial, la plaza de Armas.

d. ☐ comprar en los mercadillos de la plaza de Armas, sin visitar la plaza Vieja y la catedral o sin pasear por la calle Obispo.

e. ☐ tiene cerca de mil edificios de importancia histórica; todos los estilos están representados, desde el barroco…

f. ☐ lleno de terrazas, de turistas, de músicos… Es, sin duda, el corazón de la capital cubana. No se conoce La Habana sin…

Unidad 6 ¿Cómo era antes?

Palabras

1 **Relaciona cada titular con su sección del periódico correspondiente.**

1. ☐ Tiempo | 2. ☐ Política | 3. ☐ Economía | 4. ☐ Deportes | 5. ☐ Sociedad | 6. ☐ Cultura y espectáculos
7. ☐ Ciencia y salud | 8. ☐ Anuncios | 9. ☐ Opinión

a. Piqué y Shakira han sido padres por segunda vez.

b. Internet, ¿une o aísla a los jóvenes?

c. Los empresarios advierten de que se ha producido un fuerte descenso en el consumo.

d. Se necesita joven para trabajos de almacén.

e. Las encuestas dan por vencedor de las próximas elecciones al Partido Liberal.

f. Fuertes lluvias y tormentas durante el fin de semana.

g. Confirmado: los alimentos ecológicos son más sanos que los convencionales.

h. Leo Messi gana su quinto Balón de Oro.

i. Se estrenó con éxito de crítica y público la última película de Guillermo del Toro.

1a **Relaciona las siguientes imágenes con cuatro de los titulares anteriores.**

2 **Fíjate en las imágenes, elige una y escribe una noticia sobre ella que responda a las preguntas básicas que debe tener toda buena noticia:** ***¿qué?, ¿quién?, ¿dónde?, ¿cuándo?, ¿cómo?*** **y** ***¿por qué?***

....

....

....

....

3 Elige la opción correcta.

1. **Hay/Hace** sol.
2. **Es/Está** lloviendo.
3. **Hay/Hace** niebla.
4. La temperatura **es/está** alta.
5. **Hace/Está** buen tiempo.
6. El calor en Madrid **es/está** seco.
7. **Hace/Hay** lluvia.
8. **Hace/Es** frío.
9. **Está/Hace** fresco.
10. **Está/Es** soleado.

4 Relaciona.

1. Hoy	a. el clima atlántico.
2. El clima de mi ciudad	b. son muy bajas.
3. Odio	c. es seco.
4. Las temperaturas	d. hace mucho calor.
5. En esta casa	e. está nublado.

5 Lee y clasifica los siguientes fragmentos en su estación correspondiente.

Primavera	Verano	Otoño	Invierno

1. En el hemisferio norte la estación empieza en septiembre; en el sur, en marzo y, en las zonas tropicales, no existe. ....
2. Puede llover y son normales las tormentas, pero generalmente hace muy buen tiempo. ....
3. La conocemos como la estación de las flores porque, después de los meses de frío, los árboles vuelven a estar verdes y aparecen flores en los parques y en el campo. ....
4. Es la estación de las vacaciones, cuando no hay clases en los colegios y vemos las playas llenas. Es también la única estación que hay en las regiones tropicales. ....
5. En esta estación normalmente las temperaturas son suaves, aunque algunos días ya son fríos. También suele llover bastante. ....
6. Durante los tres meses de esta estación, hace mucho calor; de hecho, es la estación más cálida. ....
7. Cuanto más cerca de los polos, más dura y fría es esta estación, que es más suave en las regiones próximas al ecuador. ....
8. Es la época del frío, cuando en muchos lugares nieva y las montañas están blancas. ....
9. Muchos árboles, poco a poco, pierden las hojas o estas cambian de color; ya no son verdes, sino amarillas o rojas. ....
10. En el hemisferio sur empieza en septiembre y en el norte, en marzo. ....
11. Las temperaturas más altas no suelen pasar de los doce grados y las más bajas llegan a alcanzar varios grados bajo cero, especialmente durante la noche. ....
12. Es una estación de temperaturas suaves, pero algunos días son ya muy calurosos. ....

6 [11] Escribe el significado de cada símbolo meteorológico. Después escucha la información y relaciónalos con el lugar correspondiente del mapa.

1. ....
2. ....
3. ....
4. ....
5. ....
6. ....
7. ....
8. ....

7 Escribe en tu cuaderno un texto de unas cincuenta palabras sobre el tiempo que hace en este momento donde vives.

Gramática

8 Completa las frases escribiendo los verbos entre paréntesis en pretérito imperfecto.

1. Siempre .... (salir, nosotros) de casa antes de las ocho.
2. En aquel tiempo, ... (soler, yo) viajar más que ahora.
3. La casa .... (ser) bastante grande, ... (tener) cuatro habitaciones y desde la terraza .... (verse) el mar.
4. Cuando llegué a casa, no .... (haber) nadie.
5. En mi clase .... (ser, nosotros) ocho y cada uno .... (venir) de un país diferente.
6. En aquel trabajo, Ana .... (hacer) cada día lo mismo.
7. Mi primer coche .... (ser) azul y solo .... (tener) dos puertas.
8. Mientras .... (cenar, tú), empezó la película.
9. Cuando me has llamado, ... (estar, yo) en la ducha.
10. Cuando .... (hacer) calor, Marta y yo .... (coger) la bici e .... (ir) a la playa.

8a Fíjate en los usos del pretérito imperfecto de la actividad anterior y clasifica las frases en la tabla.

Describir en pasado	Hablar de acciones habituales en el pasado	Acción durativa en relación con otra terminada

9 ¿Cómo era Belén de pequeña y cómo es ahora? Clasifica estos enunciados en el pasado (PS) o en el presente (PR) y conjuga los verbos en el tiempo adecuado.

1. Ser tímida. .... PS PR
2. Salir con amigos. .... PS PR
3. Hablar con poca gente. .... PS PR
4. Ser sociable. .... PS PR
5. No tener muchos amigos. ... PS PR
6. Ir a la guardería. .... PS PR
7. Estudiar Periodismo. .... PS PR
8. Querer ser veterinaria. .... PS PR
9. Querer ser presentadora...... PS PR
10. Gustar coger insectos. .... PS PR
11. Tener novio. .... PS PR
12. Jugar sola. .... PS PR

....

....

10 El niño de la foto es Juan en su habitación cuando era pequeño. Escribe un texto de unas cincuenta palabras describiendo cómo era él y también cómo era su cuarto.

....

11 Cambia las formas verbales del texto de acuerdo con el marcador temporal *antes*.

Antes...

[1] Trabajo .... de nueve a cinco. A las once [2] hacemos .... una pausa y un compañero y yo [3] tomamos .... café en un bar cerca de la oficina. Luego, a las dos, [4] salgo .... a comer. Normalmente, [5] voy .... a un restaurante cercano. Me [6] gusta .... ir sola para relajarme y no hablar de trabajo. Mientras [7] como ...., [8] veo .... las noticias en la televisión.
[9] Salgo .... de la oficina con una compañera y juntas nos [10] dirigimos .... al gimnasio. [11] Hacemos .... ejercicio durante una hora. Después del gimnasio, algunos días [12] vamos .... a tomar algo o [13] vemos .... una película. Otros días [14] vuelvo .... a casa y [15] preparo .... algo de cenar. Mientras [16] ceno ...., [17] veo .... alguna serie en la tele o [18] leo .... la prensa digital en el ordenador. No [19] suelo .... acostarme tarde, a las once y media ya [20] estoy .... durmiendo.

12 Completa las frases con el marcador temporal adecuado.

Siempre | Esta semana | Antes | Hace un año | Mientras | Cuando

1. .... he hecho dos exámenes.
2. .... comía, veía la televisión.
3. .... hacía más calor que ahora.
4. .... estuve en Japón.
5. .... la llamé, no estaba.
6. .... me levantaba a las ocho.

13 Lee estas tres noticias y clasifica los verbos en la tabla según su función.

① **Una niña gastó más de 1000 euros en un viaje a Disneyland París al averiguar el PIN de su padre mientras él dormía**

La niña aprovechó mientras su padre dormía para averiguar el código PIN de su tarjeta de crédito. Con él, reservó un viaje para toda la familia que incluía entradas para el parque temático de Disney y un *tour* VIP a la Torre Eiffel; también pagó los billetes de avión.

② **Un ladrón engañó a un policía y este lo ayudó a entrar en una casa para robar**

Jason Burns, un chico de 29 años, iba a robar en una casa cuando un policía lo vio. El joven decidió mentir al oficial diciéndole que vivía en esa casa con una amiga y le pidió ayuda para abrir la puerta porque no tenía las llaves y su amiga no estaba en casa.

③ **Un niño de Barcelona regaló 10 000 euros entre sus compañeros del colegio**

El niño cogió de su casa muchos billetes de cien euros, que eran los ahorros de su abuela para comprar un dispositivo sanitario que necesitaba, y los repartió entre sus compañeros de clase. Los padres se han puesto en contacto con las familias de los niños y les han pedido la devolución del dinero.

Extraído de http://www.antena3.com/noticias/diez-noticias-2017-que-parecen-inocentadas-pero-son_201712285a44f1490cf275a18cb9e62a.html

Narración/Hechos	Descripción/Circunstancias
1.	1. ....
2.	2. ....
3.	3. ....

14 Completa esta noticia escribiendo los verbos en el tiempo adecuado del pasado: pretérito perfecto, indefinido o imperfecto.

Unos 80 concursantes [1] .... (participar) en una competición anual que se [2] .... (celebrar) el pasado día 5 en Taiwán y que [3] .... (consistir) en no hacer absolutamente nada, algo que, aunque parece sencillo, no lo [4] .... (ser) en absoluto para las decenas de concursantes que [5] .... (participar) este año.

La edición, celebrada el pasado sábado, la [6] .... (ganar) un joven de 24 años de Hong Kong que [7] .... (estar) mirando al cielo durante 90 minutos. El calor, el sol y las moscas [8] .... (ser) lo más difícil para Chan Kai-Ho, el ganador, que [9] .... (quedar) impresionado de su propio logro. "[10] .... (Pensar, yo) que no [11] .... (ser) capaz de estar tanto tiempo sin hacer nada".

Bajo el lema "Relaja tu cerebro", los competidores [12] .... (tener) que estar sentados y no [13] .... (poder) hablar, dormir, comer ni usar ningún dispositivo electrónico.

El evento [14] .... (querer) llamar la atención y hacer reflexionar sobre las muchas distracciones a las que las personas nos enfrentamos en nuestra vida cotidiana.

Adaptado de http://www.antena3.com/noticias/mundo/cuanto-tiempo-aguantarias-hacer-nada-taiwan-celebrado-competicion-cuyo-objetivo-permanecer-inmovil_201712115a2e70b80cf2b410eaa9b0a0.html

14a Ahora escucha la noticia y comprueba tu respuesta anterior. Después marca verdadero o falso.

[12]

1. La competición consistía en mirar el cielo todo el tiempo posible. .... V F
2. Esta competición se celebra cada año. .... V F
3. El ganador sabía que podía conseguirlo. .... V F
4. El evento no tenía ninguna finalidad social o humana. .... V F
5. Una de las cosas más duras para el ganador fue el tiempo que hacía. .... V F
6. No se podía llevar móvil. .... V F

15 Corrige los errores.

1. Cuando era pequeña, estudié todas las tardes y luego jugaba con mis amigos. ....
2. En 1950 nadie tuvo internet. ....
3. Antes la gente ha sido menos tolerante. ....
4. De pequeño, me encantó la música clásica. Por eso empezaba a estudiar piano. ....
5. Mi abuela siempre hizo una tarta riquísima. ....
6. Siempre fui al trabajo en bicicleta, incluso cuando llovía. ....

16 Elige la opción correcta.

1. Nunca **he visitado/visitaba** Praga.
2. Ayer, mi hermano **fue/ha ido** al cine.
3. **Era/Fue** verano cuando empecé la universidad.
4. Ayer te **compré/compraba** un regalo.
5. Todavía no **he leído/leía** el *Quijote*.
6. Cuando **llegué/llegaba** al trabajo, no había nadie.
7. En 1995 mi hermana Lucía **iba/fue** a Londres.
8. No **vi/he visto** nunca una película en español.
9. Antes la gente **tuvo/tenía** menos estrés.
10. Mi mejor amiga del colegio **fue/era** muy tímida.

17 Transforma las siguientes frases usando el posesivo pospuesto correcto.

1. Es nuestra casa. *Es la nuestra.*
2. Son vuestras amigas. ....
3. ¿Tienes mis gafas? ....
4. Coge su libro. ....
5. Rompió tu camiseta. ....
6. Es su hermana. ....
7. Son nuestros profesores. ....
8. No es mi coche. ....
9. Vienen sus primos. ....
10. ¿Son tus pantalones? ....

18 **Lee el texto y escribe cada lengua y dialecto que se menciona (aparte del castellano) en su lugar correspondiente del mapa.**

Lenguas oficiales en España

España es uno de los países plurilingües de Europa. En su territorio se hablan cuatro lenguas oficiales: el castellano, el catalán, el gallego y el euskera o vasco. En muchas zonas del país hay, por lo tanto, una situación de bilingüismo. La población que habla dos de las cuatro lenguas oficiales es aproximadamente de dieciséis millones de habitantes, es decir, el 35 % de la población. Este hecho es tratado en la Constitución española de la siguiente manera:

- El castellano es la lengua española oficial del Estado. Todos los españoles tienen la obligación de conocerla y el derecho de usarla.
- Las demás lenguas españolas serán también oficiales en las respectivas comunidades autónomas de acuerdo con sus Estatutos.

El castellano, el catalán y el gallego son lenguas de origen latino, pero desconocemos cuál es el origen del euskera, pues esta lengua es anterior a la llegada de los romanos a la Península. El idioma más hablado en España después del castellano es el catalán, con más de diez millones de hablantes, y el menos hablado es el euskera, con un millón. Además existen dialectos, como el valenciano y el mallorquín, que son dialectos del catalán, y lenguas en proceso de convertirse en oficiales como el bable, en Asturias.

Adaptado de http://boj.pntic.mec.es/jsic0001/lenguas_y_dialectos/lenguas.html

18a **Vuelve a leer el texto y marca verdadero o falso.**

1. En algunas zonas de España la gente habla dos idiomas. .... V F
2. La Constitución dice que el castellano es la única lengua oficial en España. .... V F
3. Casi todas las lenguas oficiales de España tienen origen latino. .... V F
4. El idioma oficial menos hablado es el gallego. .... V F
5. El bable es ya una lengua oficial. .... V F

18b **Relaciona.**

1. El 35 % de la población
2. España
3. El catalán
4. En España
5. El bable está en proceso de

a. es uno de los países con más idiomas oficiales de Europa.
b. hay también dialectos.
c. habla dos lenguas oficiales.
d. es el segundo idioma oficial más hablado.
e. convertirse en lengua oficial.

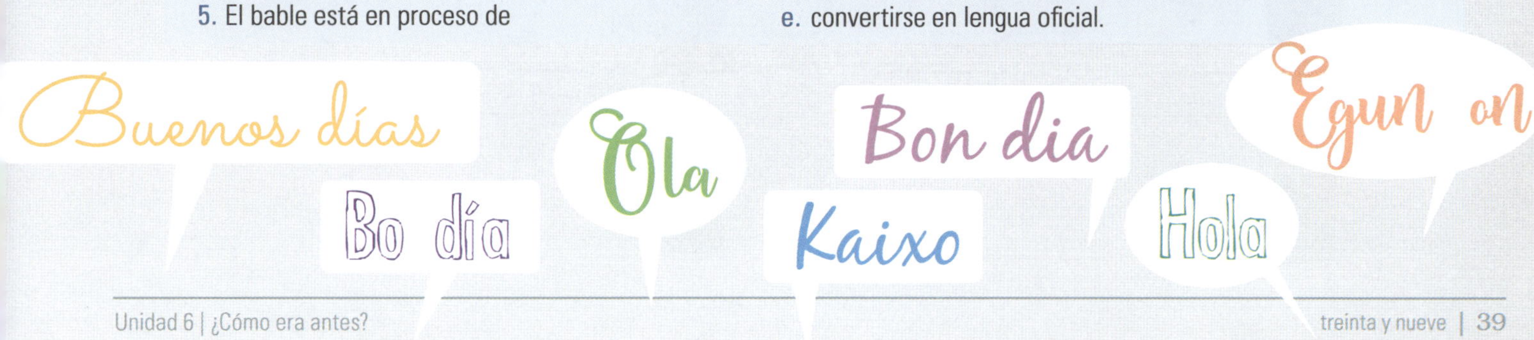

Palabras

1 Lee las siguientes iniciativas para mejorar nuestro entorno y complétalas con los verbos del recuadro.

crea | instala | usa | evita | disminuye | clasifica | limpia | recicla

1. .... la contaminación utilizando la bicicleta como medio de transporte.
2. .... la playa de basura para .... la contaminación del agua.
3. .... paneles solares en casa para .... energía limpia.
4. .... nuevos productos a partir de material reciclado.
5. .... cada desecho en su contenedor correspondiente para poder ....

2 Relaciona las palabras del recuadro con su imagen correspondiente.

pilas | bolsas | latas | periódicos | jeringuilla usada | botellas | manzanas | pañales

1

....

2

....

3
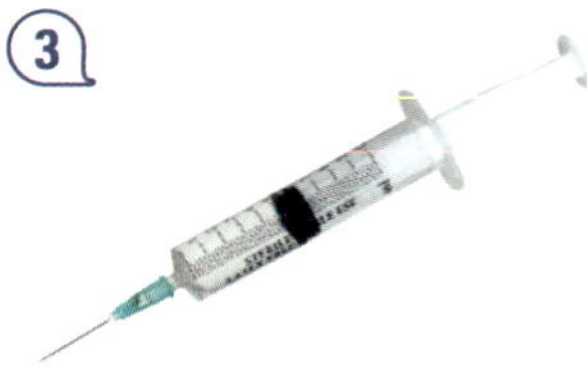
....

4

....

5

....

6

....

7

....

8

....

2a Fíjate en el color de los contenedores y completa el tipo de material que se recicla en ellos. Luego clasifica los objetos de la actividad anterior en el contenedor adecuado.

1. E .... s .... s
....

2. P .... e ....
....

3. V .... r ....
....

4. M .... e r .... l p .... g .... o .... o
....

5. R .... t o .... o .... g á .... o ....
....

6. M .... e r .... l no b .... o d .... g .... a .... b ....
....

3 Relaciona.

1. ordenador	a. de papel
2. folleto	b. de leche
3. bolsa	c. roto
4. lata	d. de plantas
5. brik	e. publicitario
6. caja	f. de conservas
7. botella	g. de cartón
8. restos	h. de vidrio

3a Escribe en qué contenedor debe tirarse cada residuo de la actividad anterior.

1. ....
2. ....
3. ....
4. ....
5. ....
6. ....
7. ....
8. ....

4 Daniel tiene que hacer varias tareas para su madre. Lee la conversación y complétala con las palabras del recuadro.

orgánicos | cartón | corcho | pilas | envases | revistas

Madre: Toma nota de las tareas que tienes que hacer. Primero, acércate al contenedor azul y dejas todas estas [1] .... Ya no las voy a leer más.

Daniel: Si quieres, puedo bajar también las cajas de [2] .... que tengo en la habitación.

Madre: Perfecto. En el cuarto de baño he dejado algunos [3] .... vacíos que hay que llevar al contenedor amarillo. ¿Tienes algo más que podamos llevar?

Daniel: Sí, ahora que recuerdo, tengo unas [4] .... de mi reloj que puedo reciclar en el contenedor rojo. Están gastadas.

Madre: Muy bien. Lleva eso y cuando vuelvas, te doy algo más.

Daniel: ¿Qué?

Madre: He recogido varios tapones de [5] .... y quiero reciclarlos.

Daniel: ¿Y en qué contenedor tengo que dejarlos? ¿En el azul?

Madre: No. En el contenedor marrón, el de los residuos [6] .... Avísame cuando vuelvas.

Daniel: Vale. Pues cuando vuelva, me los das y los llevo.

4a Ahora escucha y comprueba tus respuestas.

[13]

5 Tienes una caja de cartón y quieres darle nuevos usos. ¿Cómo la puedes reutilizar? Imagina tres opciones y escríbelas.

1. ....
2. ....
3. ....

6 Relaciona.

1. Casi todo se puede arreglar:	a. y ser utilizados de nuevo.
2. Las cajas de cartón y los briks de leche no	b. así que tengo que coger el coche para poder llegar.
3. Los metales se pueden separar de los objetos que desechamos	c. ropa, muebles, móviles… Así puede alargarse su vida útil.
4. En mi barrio no hay un punto limpio cerca,	d. que más utiliza materiales reciclados.
5. El papel es una de las industrias	e. se tiran en el mismo contenedor.
6. El vidrio y el plástico	f. por eso es el país que más recicla de Europa.
7. En Suecia están muy concienciados con el reciclaje,	g. menos desperdicio, menos energía, menos productos no reciclables…
8. Menos consumo en todos sentidos:	h. se tiran en contenedores diferentes.

Gramática

7 **Completa las frases escribiendo los verbos entre paréntesis en futuro simple.**

1. Está claro que en el futuro la ciencia .... (avanzar) más rápido.
2. En 50 años, probablemente algunos humanos .... (vivir) en Marte.
3. En muchas sociedades, los robots .... (cuidar) a la gente mayor.
4. ¿Alguna vez habéis pensado cómo .... (ser, vosotros) en 50 años?
5. Dentro de 50 años .... (tener) 92 años, porque ahora tengo 42.
6. Probablemente, muchas especies animales no .... (poder) sobrevivir.

8 **Subraya los verbos irregulares en futuro simple.**

valer | tener | estar | hacer
poner | dormir | saber | querer
conducir | salir | empezar | leer
ir | poder | decir | andar | traer
venir | llamar | escribir

8a **Elige cinco de los verbos irregulares de la actividad anterior y escribe una frase con cada uno de ellos.**

1. ....
2. ....
3. ....
4. ....
5. ....

9 **¿Cómo crees que será la vida de Valentina? Escribe frases sobre su futuro utilizando los marcadores temporales que aparecen a continuación.**

1. Esta tarde ....
2. Dentro de diez años ....
3. En seis años ....
4. A los dieciocho años ....
5. El año que viene ....
6. En el año 2040 ....

10 [14] **Escucha a estas personas y marca la opción correcta en cada situación.**

1. Álvaro deja un mensaje para...
a. confirmar que va a ir al cumpleaños de Iván.
b. decirle a Iván que no podrá ir a su cumpleaños.
c. quedar para ir a estudiar juntos en la biblioteca.

2. Nuria le dice a su hija que...
a. llegará para su cumpleaños.
b. no sabe a qué hora llegará el sábado.
c. llegará un día después de su cumpleaños.

3. La cantante reacciona ante la pregunta...
a. enfadada y dice que no hablará de su vida personal.
b. enfadada, pero da alguna información personal.
c. tranquila y dice que hablará al final de la entrevista.

4. La predicción de la vidente...
a. es muy positiva para Carlos y muy negativa para Míriam.
b. dice que ve mucho silencio en la empresa.
c. solo habla de cambios de decoración.

11 Fíjate en estas situaciones y escribe una frase en futuro simple siguiendo las instrucciones.

1. Has llegado a casa tarde otra vez. Tus padres están enfadados. › Promételes un cambio en tu comportamiento.
   ...
2. Tu pareja ha perdido su libro favorito. Tú no sabes dónde está, pero lo supones. › Dile dónde supones que está el libro.
   ...
3. Es otoño y el jardín de tu casa está lleno de hojas. › Prométele a tu pareja que lo vas a limpiar el fin de semana.
   ...
4. Tu mejor amigo necesita ayuda con el trabajo de Historia. › Prométele que vas a ayudarlo.
   ...
5. El examen de Español no ha tenido el resultado que esperabas. › Haz un compromiso contigo mismo para mejorar.
   ...
6. Ya sabes dónde vas a ir de vacaciones este verano. › Comenta con tus compañeros tus planes.
   ...

12 Relaciona.

1. ¿Cuándo piensas	a. no vais a participar.
2. La próxima semana Luis y yo	b. estará en EE. UU. el próximo año.
3. Alejandro y Eva	c. ayudarte porque no has estudiado.
4. Mi hermana	d. llegarás?
5. No pienso	e. se piensan casar en junio.
6. ¿A qué hora crees que	f. empezar a reciclar?
7. Carmen y tú	g. vamos a viajar a Santander.

13 Escribe las condiciones necesarias para que sucedan estas cosas.

1. Tendremos mares limpios si ...
2. Ahorrarás energía en casa si ...
3. Consumiré de una forma responsable si ...
4. Viviré muchos años si ...
5. Hablaré mejor español si ...
6. Tendré muchos amigos si ...

14 Fíjate en la imagen y escribe seis predicciones sobre el futuro de esta persona.

1. Posiblemente ...
2. Supongo que ...
3. Seguramente ...
4. Probablemente ...
5. Seguro que ...
6. Creo que ...

15 Transforma estas frases usando el futuro simple. Fíjate en el ejemplo.

1. Posiblemente son las diez y media.
   › *Serán las diez y media.*
2. Creo que Juan está enfermo.
   › ....
3. Pienso que María tiene quince años.
   › ....
4. Es la una y cuarto, creo.
   › ....
5. Probablemente cuesta treinta euros.
   › ....
6. Creo que mide casi dos metros.
   › ....
7. Probablemente estamos a 0 °C.
   › ....
8. Posiblemente pesa diez kilos.
   › ....

16 Completa el texto escribiendo los verbos entre paréntesis en futuro simple.

El futuro de los idiomas

En un futuro no muy lejano, probablemente dentro de unos cien años, los idiomas [1] .... (ser) menos complicados y [2] .... (haber) muchos menos. Según el doctor en lingüística John McWhorter, el 90 % de las lenguas que conocemos en la actualidad [3] .... (desaparecer). Si en la actualidad existen unas seis mil lenguas en todo el mundo, en poco más de un siglo solo [4] .... (existir) unas seiscientas. Los movimientos migratorios, que [5] .... (continuar) en los próximos años, [6] .... (causar) la pérdida de los idiomas de origen en muchos casos. Sobre los idiomas mayoritarios, no sabemos si el inglés [7] .... (tener) la misma importancia que ahora, ya que el uso del español [8] .... (ser) cada vez mayor. Otras lenguas con numerosos hablantes, como el mandarín o el árabe, no [9] .... (poder) alcanzar al inglés por su dificultad para aprenderlas de adulto.

Adaptado de https://www.elconfidencial.com/alma-corazon-vida/2015-01-23/que-lengua-hablara-el-mundo-en-2115_628877/

16a Vuelve a leer el texto y decide si las siguientes afirmaciones son verdaderas o falsas.

1. Existen alrededor de seis mil idiomas en todo el mundo. .... V F
2. La mayoría de las lenguas actuales desaparecerán dentro de cien años. .... V F
3. Probablemente el español será la lengua universal del futuro. .... V F
4. Hay lenguas que se perderán a causa de los movimientos migratorios. .... V F
5. El mandarín tendrá más importancia que el inglés. .... V F
6. El árabe será una de las lenguas que desaparecerán en el próximo siglo. .... V F
7. Las lenguas serán más sencillas en el futuro. .... V F

17 Elige uno de estos temas y escribe un texto con tus hipótesis para el futuro. Puedes utilizar el diccionario.

la vivienda | las ciudades | la medicina | los deportes | la educación | las nuevas tecnologías

Cultura

18 **Decide si estas afirmaciones sobre el Festival Internacional de Cine de San Sebastián son verdaderas o falsas.**

1. El Festival de Cine de San Sebastián tiene más de cien años. .... V F
2. El festival se celebra todas las primaveras. .... V F
3. Es un certamen de cine español y latinoamericano. .... V F
4. Muchos directores de cine han presentado sus películas en el festival. .... V F
5. Al festival acuden cada año muchos famosos del cine. .... V F
6. Las Conchas de Oro y Plata son los premios más importantes. .... V F
7. El certamen se celebra en la ciudad mediterránea de San Sebastián. .... V F

19 **Fíjate en las imágenes y elige la opción correcta.**

a. Es el Teatro Victoria Eugenia de San Sebastián.
b. Es el museo Guggenheim de Bilbao.
c. Es el Kursaal, sede actual del Festival de Cine de San Sebastián.

a. El Festival de Cine de San Sebastián es famoso por su sección de efectos especiales.
b. El estreno en Europa de *Star Wars* tuvo lugar en el Festival de Cine de San Sebastián.
c. Muchos actores veteranos reciben premios por su carrera.

a. Donostia o San Sebastián es una ciudad vasca de la costa norte de España.
b. San Sebastián está en Galicia, en el norte de España.
c. Donostia es la capital del País Vasco.

20 **Completa el texto con las palabras del recuadro.**

actores | premiados | directores | figuras | españoles | prestigio | carrera | actrices

Costa-Gavras

Premios Donostia

En 1986, el Festival de Cine de San Sebastián creó el Premio Donostia para reconocer las grandes [1] .... del cine, las que han hecho las mayores aportaciones y que forman ya parte de la historia de la cinematografía mundial.

El primer premio Donostia fue para Gregory Peck, en reconocimiento a su extraordinaria [2] .... Otros muchos grandes [3] .... y [4] .... han sido [5] ...., como los estadounidenses Al Pacino, Bette Davis o Robert de Niro; los europeos Max Von Sydow, Jeanne Moreau y Anthony Hopkins y los [6] .... Antonio Banderas y Penélope Cruz. Pero no solo han recibido el Premio Donostia intérpretes, también lo han ganado [7] .... como Costa-Gavras, Oliver Stone o Francis Ford Coppola.

El Premio Donostia se entrega durante la celebración del festival y cada año lo reciben una o más personalidades de la industria del cine. Este premio ha conseguido dar más [8] .... al festival y lo ha convertido en uno de los más importantes certámenes de cine del mundo.

Unidad 8 En línea

Palabras

1 **Relaciona las palabras del recuadro con las imágenes.**

tuit
buscador
usuario
banderola
sitio web
boletín

1

....

2

....

3

....

4

....

5

....

6

....

1a **Utiliza las palabras de la actividad anterior para completar estos diálogos.**

1. ▶ Oye, leí el .... que pusiste ayer. Me encantó, era muy divertido.
   ▷ Gracias. No sabía que tú también tenías .... en Twitter, ¿qué nombre usas?
2. ▶ Estoy harta de este .... de móviles; no dejan de salir .... de publicidad que me tapan la pantalla. Tú conocías uno con precios interesantes, ¿no?
   ▷ Sí, escribe en el .... movilesbaratos.com. Es necesario suscribirse al ....; luego ya puedes comprar cualquier móvil sin molestias a precios increíbles.

2 **Relaciona cada palabra con su definición.**

1. etiqueta	a. Plataforma digital que pone en contacto a gran número de usuarios.
2. red social	b. Palabra o serie de palabras precedida por el símbolo de almohadilla #.
3. visita	c. Acceso de una persona a un sitio web.
4. boletín	d. Número de veces que se publica un anuncio en un sitio web.
5. frecuencia	e. Publicación digital distribuida a través de internet a los usuarios que quieren recibirla.

3 **Lee estos mensajes y marca los que crees que se han publicado en un boletín.**

1. ☐ Buenos días. Te adjunto las fotos que hicimos en la excursión del pasado fin de semana. Un saludo, Lidia.
2. ☐ Hola, ¿alguien con la tarde libre para ver una peli? :-)
3. ☐ Estimados/as amigos/as: El próximo mes, en nuestro club de cine de los viernes, hablaremos de las siguientes películas:...
4. ☐ Hola a tod@s. He comprado un móvil nuevo, un GG 203S, y no sé qué antivirus instalar. ¿Tenéis alguna recomendación?
5. ☐ La última actualización de nuestro programa ya está disponible. Toda la información en la página 3.

3a **¿Dónde crees que pueden aparecer los otros mensajes?**

4 Elige la opción correcta.

1. ¿Va a pagar con **tarjeta/etiqueta** de crédito o en efectivo?
2. Cuesta quince euros, pero hay que pagar tres más por **las garantías/los gastos** de envío.
3. Los consumidores están contentos con nosotros. Nuestra empresa tiene buena **reputación/política**.
4. Me han dicho que este producto no tiene **garantía/reputación**; si se rompe, no me devuelven el dinero.
5. Nuestra **política/historia** de devolución especifica que solo pueden pasar quince días después de la compra para el reembolso del dinero.

5 Lee las siguientes etiquetas y relaciónalas con una imagen.

1. #TarjetaDeCrédito
2. #GarantíaPorDefecto
3. #Reembolso
4. #GastosDeEnvío
5. #FormaDePago
6. #Reputación

A

B

C

D

E

F

5a Utiliza las etiquetas de la actividad anterior para clasificar los mensajes que aparecen en este foro.

1. **Teresa.** Yo tampoco compraré nunca más. Estuve viendo comentarios y la mayoría eran positivos, así que compré unos altavoces. Nunca funcionaron; eso sí, no tuve problemas para recuperar el dinero.
   ....
2. **Leo.** Pues yo estoy muy contenta con este sitio. He comprado varias cosas y cuando, después de un tiempo, alguna me ha dado problemas, la garantía me ha cubierto la reparación sin ningún problema.
   ....
3. **Martín.** El problema es que los precios parecen muy interesantes, pero solo lo parecen porque, cuando te dispones a hacer la compra, el coste del envío es alto y, al final, resulta más caro que otros sitios.
   ....
4. **Sara.** Yo tuve problemas al meter el número de la tarjeta de crédito y no se podía hacer un pago contrarreembolso, así que al final tuve que comprarlo en otro sitio.
   ....
5. **Raúl.** Asegúrate de que escribes correctamente todos los números, revísalos. También debes poner la fecha de caducidad, es decir, hasta cuándo es válida y, por último, los tres números de seguridad que vienen por detrás. Antes de aceptar, repasa todos los datos.
   ....
6. **Paco.** Pues yo estoy muy satisfecho: buena relación calidad-precio, atención maravillosa y, además, me lo llevaron gratis a casa. Para mí, un diez.
   ....

5b Vuelve a leer los mensajes anteriores y relaciónalos con los siguientes enunciados.

a. ☐ Piensa que el anuncio miente.
b. ☐ No piensa volver a comprar en ese sitio.
c. ☐ Está satisfecho con la garantía del producto.
d. ☐ Tuvo problemas con el medio de pago.
e. ☐ El reembolso fue sencillo.
f. ☐ No es tan barato como parece.
g. ☐ No tuvo que pagar gastos de envío.
h. ☐ Debe revisar bien sus datos.

Gramática

6 Completa la tabla del imperativo con las formas que faltan.

	Hablar	Leer	Escribir
tú	habla	[3]	[5] ....
usted	[1]	lea	[6] ....
vosotros/as	hablad	[4]	escribid
ustedes	[2]	lean	[7] ....

7 Relaciona las personas con sus imperativos negativos.

1. tú | **2.** vosotros/as | **3.** usted | **4.** ustedes

a. ☐ no viváis
b. ☐ no digas
c. ☐ no durmáis
d. ☐ no lea
e. ☐ no pidan
f. ☐ no empieces
g. ☐ no salgas
h. ☐ no duerma
i. ☐ no pidáis
j. ☐ no digan

8 Elige la opción correcta.

1. Hijo mío, **piensa/piensen** antes de hablar.
2. Señores pasajeros, **apagad/apaguen** sus móviles.
3. Si no está satisfecho con la compra, **devuelve/devuelva** el producto.
4. Si os gusta esta autora, **leed/lees** esta novela.
5. Si tienes algún problema, **hablan/habla** conmigo.
6. **Te duerme/Duérmete** ya, es tarde.
7. **Cállense/Callaos** un minuto, os tengo que contar una cosa.

9 Completa estas frases con los verbos en la persona *tú* del imperativo afirmativo.

1. .... (Encender) el ordenador, quiero enseñarte mi presentación.
2. .... (Hacer) lo que te digo, verás qué bien.
3. Necesito llamar, ... (colgar) el teléfono.
4. Todavía no es la hora, ... (seguir) durmiendo.
5. .... (Sustituir) el documento por el que te envío; lo he corregido.
6. Hay poca luz, ... (tener) cuidado.
7. Tiene muchos errores, ... (volver) a hacerlo.
8. .... (Poner) la tele, quiero ver las noticias.
9. ¿Qué tal el fin de semana? .... (Contar, a mí).
10. Tienes muy mala cara, ... (ir) al médico.
11. .... (Empezar) tú sola, ahora mismo voy yo.
12. .... (Vestirse), que nos vamos.

9a Clasifica los verbos de la actividad anterior en la tabla según su irregularidad.

e › ie	o › ue	e › i	i › y	Otros irregulares

10 Transforma los imperativos afirmativos en negativos sin cambiar la persona.

1. Ven antes de las diez. › ....
2. Baja esa canción. › ....
3. Di la verdad. › ....
4. Sigue hablando. › ....
5. Introduzca su número secreto. › ....
6. Id a verla. › ....
7. Salgan despacio. › ....
8. Hablad con los compañeros. › ....
9. Marcad el código. › ....
10. Coged el teléfono. › ....
11. Jugad fuera. › ....
12. Duerme al niño. › ....

11 Escucha al dependiente de una tienda que está hablando sobre un móvil y marca si las siguientes acciones aparecen en imperativo afirmativo (A) o negativo (N).

[15]

1. Cargar dos horas antes del primer uso. .... A N
2. Bloquear con la huella dactilar. .... A N
3. Poner una tarjeta de memoria externa. .... A N
4. Hacer fotos de día. .... A N
5. Hacer fotos de noche o en interiores. .... A N
4. Mojar el móvil. .... A N

12 Responde a estas preguntas usando el imperativo adecuado. No olvides añadir los pronombres necesarios.

1. ▶ ¿Puedo abrir la ventana?
   ▷ Claro que sí, ...
2. ▶ ¿Crees que debo comprar estos libros?
   ▷ No, ...
3. ▶ ¿Le cuento la verdad a Juan?
   ▷ Sí, sí, ...
4. ▶ Perdone, ¿puedo ir al aseo?
   ▷ Por supuesto, ...
5. ▶ ¿Cojo un paraguas?
   ▷ Sí, sí, ...
6. ▶ ¿Puedo llevarme este libro?
   ▷ No, ...
7. ▶ ¿Te llamo luego?
   ▷ Sí, por favor, ...
8. ▶ Llaman a la puerta, ¿abro?
   ▷ No, ...
9. ▶ Tenemos prisa. ¿Podemos irnos?
   ▷ Por supuesto, ...
10. ▶ ¿Podemos cerrar la ventana? Hace frío.
    ▷ Sí, sí, ...
11. ▶ ¿Le doy a José la camisa?
    ▷ No, ...
12. ▶ ¿Os mando la foto por correo?
    ▷ No, ...
13. ▶ ¿Qué te parece si le regalo un móvil?
    ▷ Claro que sí, ...
14. ▶ ¿Os digo lo que pienso?
    ▷ Sí, claro, ...

13 Completa estas frases con *deber* + infinitivo, *tener que* + infinitivo o *poder* + infinitivo en la forma y tiempo adecuados.

1. Mañana tengo un examen, hoy no .... salir.
2. Con el mando a distancia, cualquiera .... dirigir el aparato.
3. ¿Crees que Marta .... decirle la verdad? Yo creo que no es necesario.
4. Me .... ir ya, tengo una cita en diez minutos.
5. Lo siento, no .... llamarte esta mañana, he estado muy ocupado.
6. Ayer Eva y yo .... ir al hospital para ver a una amiga.

14 Completa las siguientes advertencias con los verbos entre paréntesis en la forma adecuada del imperativo. Luego relaciónalas con las imágenes de la página siguiente.

a. .... (Introducir, usted) su tarjeta.
b. Antes de entrar, ... (dejar, ustedes) salir.
c. .... (Abrocharse, ustedes) los cinturones de seguridad.
d. No .... (olvidar, usted) comprobar su cambio.
e. .... (Apagar, ustedes) sus teléfonos móviles durante la función.
f. .... (Respetar, usted) la distancia de seguridad.

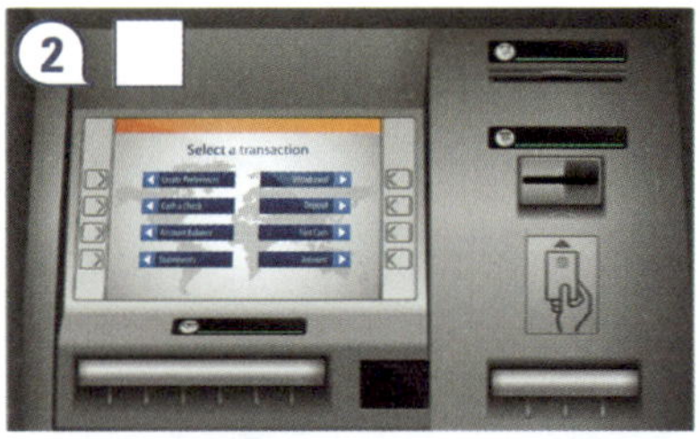

14a

[16]

Escucha el audio y comprueba tus respuestas de la actividad anterior.

14b

[16]

Escucha de nuevo y escribe en la tabla todos los imperativos que se dicen.

Situación 1	Situación 2	Situación 3

Situación 4	Situación 5	Situación 6

15

Lee y completa el texto con los verbos del recuadro en la persona *tú* del imperativo.

tener | pensar | hacer | buscar | dudar | usar | comprar | revisar

Compra en línea sin riesgos (o casi)

Con el inicio del año llega el tiempo de ofertas y rebajas en las tiendas y también en el comercio en línea. Es una gran oportunidad para conseguir "chollos", pero también puede serlo para los estafadores en internet. La seguridad al cien por cien no existe, pero sí es posible reducir mucho los riesgos si sigues estos consejos:

- Si una oferta es demasiado buena, [1] .... de ella. Se debe tener mucho cuidado con todas las ofertas a precios imposibles que encontramos cada día en internet.
- [2] .... bien los textos; una mala redacción siempre es sospechosa.
- Si no conoces bien el sitio, no [3] .... clic en enlaces y archivos adjuntos. Así puedes evitar los virus y el acceso a tus datos importantes.
- [4] .... un candado verde en tu navegador, así podrás saber que la conexión es segura.
- Si compras por primera vez en un comercio, no [5] .... contraseñas que ya has utilizado en otros lugares. [6] .... diferentes contraseñas para que, si descubren una, no puedan entrar a otros sistemas como el de tu banco o tu correo. Si tienes muchas, [7] .... en usar un administrador de contraseñas, siempre es una buena idea.
- Si no encuentras comentarios o estos son negativos, no [8] .... ahí. La valoración de otros usuarios te puede ser de gran ayuda.

16 Relaciona para formar frases.

1. Naranjito fue
2. La publicidad siempre ha sido
3. En los 80, España se convirtió en
4. Los resultados han servido para
5. La salud empezaba a ser
6. Las marcas concienciaban a la gente

a. la tercera potencia mundial en materia publicitaria.
b. uno de los principales argumentos publicitarios.
c. reflejo de la sociedad en la que nace.
d. inspirar a toda una generación de creativos.
e. de la importancia de las dietas sanas.
f. la mascota del Mundial de Fútbol celebrado en España en 1982.

17 Lee el texto y luego elige la opción correcta.

Quiero que mi eslogan tenga éxito, ¿qué hago?

El eslogan, esa frase simple y original que identifica a un producto o servicio, es una de las herramientas de *marketing* más poderosas que existen.

Un buen eslogan debe tener un máximo de ocho palabras, tiene que identificar claramente al producto y destacar los beneficios que lo hacen especial. Es una frase que atrapa al consumidor y define y sintetiza la idea del producto o servicio.

Para que tu eslogan tenga éxito, tienes que seguir estas pautas:

- Destaca tus propiedades respecto a la competencia. Piensa qué te hace diferente y crea una frase que represente esa diferencia.
- Sé original. Usa imágenes, rimas, ritmos, etc., para crear una frase difícil de olvidar. Recuerda también que debe tener una pronunciación fácil, ya que hay personas no nativas que también tendrán que recordarlo. No te olvides: si no es breve y fácil de memorizar, no es un eslogan.
- Haz que la marca rime con el eslogan. Esta estrategia se llama *marca incorporada* y ha tenido mucho éxito en los últimos diez años.
- Explica muy brevemente qué hace la marca. "Si es Bayer, es bueno" es un eslogan que representa exactamente qué hace la marca e incluso describe el beneficio que se promete. No te olvides de que, para desarrollar un eslogan exitoso, es necesario conocer perfectamente el negocio que quieres promocionar y ser un experto en lenguaje publicitario.
- Crea un logotipo. Un logotipo es un símbolo formado por imágenes o letras que sirve para identificar a una empresa o marca. El logotipo y el eslogan forman la combinación perfecta para crear tu identidad como marca.

Adaptado de https://www.entrepreneur.com/article/268482

1. **Además del eslogan, la marca necesita...**
   a. una imagen.
   b. un logotipo.
   c. una descripción de la marca.
2. **Un eslogan debe...**
   a. explicar la utilidad del producto o servicio.
   b. ser honesto, no original.
   c. tener como mínimo ocho palabras.
3. **Un eslogan no debe...**
   a. ser breve.
   b. explicar qué hace la marca.
   c. ser difícil de pronunciar.
4. **Para crear un buen eslogan, tienes que...**
   a. conocer muy bien lo que quieres promocionar.
   b. saber rimar.
   c. ser un experto en lenguaje.

Unidad 9 Compartir espacios

Palabras

1 **Relaciona las palabras del recuadro con su imagen correspondiente.**

ducha | sillón | terraza | dormitorio | lavadora | planta | ventana | cocina | estantería

1 

....

2 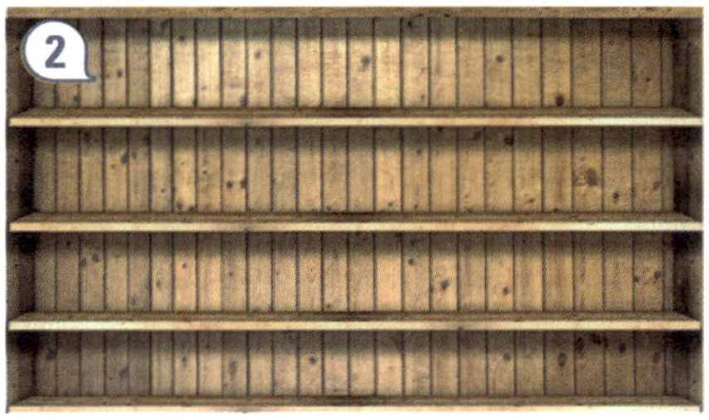

....

3 

....

4 

....

5 

....

6 

....

7 

....

8 

....

9 

....

2 **Elige la opción correcta.**

1. Me gusta esta casa porque tiene el **suelo/techo/baño** muy alto.
2. Excepto en el baño, el **edificio/lavabo/suelo** de toda la casa es de madera.
3. El apartamento está en un **pasillo/edificio/techo** bastante nuevo.
4. Quiero quitar la **bañera/taza/pared** y dejar solo la ducha.
5. En esta **puerta/terraza/pared** voy a colgar un espejo grande.
6. En la **estantería/nevera/lavadora** hay muchos libros.

3 [17] **Escucha el diálogo y escribe el nombre de cada elemento en el lugar correspondiente de la imagen.**

cocina | baño | dormitorio pequeño | salón
dormitorio principal | pasillo | armario | sillón | bañera
lavabo | sillas | estantería 1 | estantería 2
nevera | sofá | mesita | mesa | lavadora

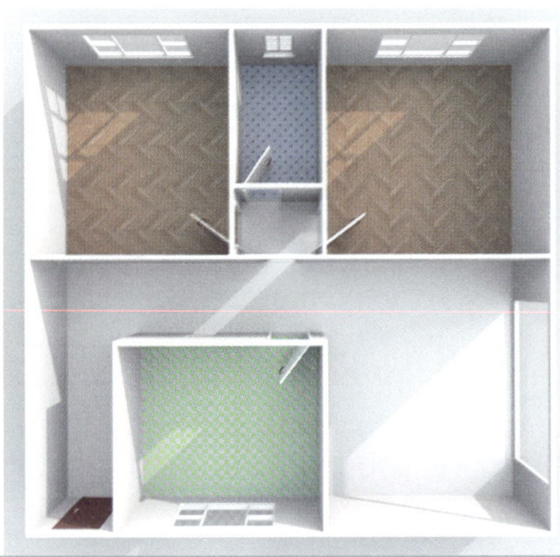

4 Lee las preguntas y escribe una redacción de unas cincuenta palabras sobre tu casa.

1. ¿Cómo es? ¿Cuántas habitaciones tiene?
2. ¿Cómo son las habitaciones? ¿Qué hay en ellas?
3. ¿Cuál es tu lugar favorito de la casa? ¿Por qué?
4. ¿Qué es lo que menos te gusta?

....
....
....
....
....

5 Relaciona los verbos con los complementos y luego cada frase con su imagen correspondiente.

1. Limpiar	a. el polvo.
2. Quitar	b. la aspiradora.
3. Poner	c. el suelo/los platos.
4. Pasar	d. la basura.
5. Fregar	e. la lavadora.
6. Sacar	f. la cocina/el baño.

....

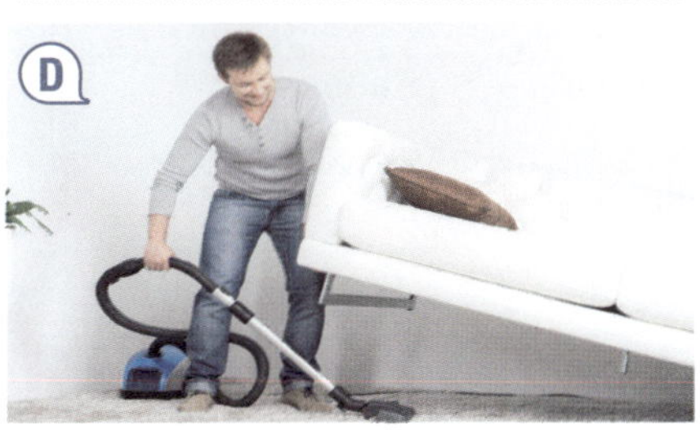

....

6 Mira la imagen y marca verdadero o falso.

1. En mi casa no hay terraza. .... V F
2. Mi casa tiene tres habitaciones y dos baños. .... V F
3. En mi salón hay un sofá muy grande. .... V F
4. En la cocina hay cuatro sillas. .... V F
5. Mi casa tiene garaje. .... V F
6. En mi casa hay algunas plantas. .... V F
7. En mi casa hay dos camas. .... V F
8. En cada habitación hay un escritorio. .... V F
9. Una habitación no tiene armario. .... V F

Gramática

7 Completa la tabla con las formas verbales que faltan y escribe el nombre del tiempo al que pertenecen.

	[1]..		
	Cantar	**Aprender**	**Abrir**
yo	cante	[5]	abra
tú	[2]	aprendas	[8] ....
él, ella, usted	[3]	aprenda	[9] ....
nosotros/as	cantemos	[6]	abramos
vosotros/as	[4]	aprendáis	[10] ....
ellos, ellas, ustedes	canten	[7]	abran

7a Conjuga estos verbos en el mismo tiempo verbal que los de la actividad anterior.

	Ser	**Haber**	**Saber**	**Ir**	**Querer**	**Pedir**
yo						
tú						
él, ella, usted						
nosotros/as						
vosotros/as						
ellos, ellas, ustedes						

	Hacer	**Contar**	**Tener**	**Dormir**	**Conocer**	**Huir**
yo						
tú						
él, ella, usted						
nosotros/as						
vosotros/as						
ellos, ellas, ustedes						

8 Completa las frases escribiendo los verbos entre paréntesis en presente de subjuntivo.

1. El profesor no nos deja que .... (usar, nosotros) el móvil en clase.
2. Os recomiendo que .... (visitar) la exposición, os va a encantar.
3. No te pido que lo .... (hacer) tú, solo que me .... (ayudar).
4. ¿Esperas que te .... (volver, ella) a llamar después de lo que dijiste?
5. Quiero que .... (conocerse, ellos), por eso espero que .... (venir) los dos a la cena.
6. Te prohíbo que .... (ir) con esa gente, no me gusta nada.
7. Me ha pedido que le .... (traducir) el correo electrónico al inglés.
8. No te aconsejo que .... (dormir) en esta habitación, hay mucho ruido de la calle.
9. Solo deseo que mañana .... (hacer) mejor tiempo y que .... (poder, ellas) ir a la montaña.
10. No permiten que sus hijos .... (jugar) con los nuestros.
11. Queremos que Marta .... (limpiar) su cuarto ya.
12. Luis me aconseja que .... (hablar) con ella.

8a Clasifica los verbos de la actividad anterior en la tabla.

Regulares	Con irregularidades propias del presente de subjuntivo	Con la misma irregularidad que en presente de indicativo

9 Sustituye el verbo principal de cada frase por un sinónimo del cuadro.

permitir
~~rogar~~
suplicar
prohibir
esperar
aconsejar

1. Te pido que te calles. › *Te ruego que te calles.*
2. La escuela no deja que se use el móvil en clase. › ....
3. Deseo que todo te vaya bien. › ....
4. Siempre me ruega que la ayude. › ....
5. Nos recomiendan que visitemos el centro. › ....
6. Les impiden que vayan juntos. › ....

10 Elige la opción correcta.

1. Nadie quiere que eso **ocurre/ocurra**, todos esperan que se **soluciona/solucione** antes.
2. Está prohibido que **comemos/comamos** durante la clase.
3. Mis padres no me dejan que **asistir/asista** al concierto porque acaba muy tarde.
4. Solo os pido, por favor, que **terminéis/termináis** antes de las tres.
5. No te aconsejo **pasear/pasees** solo por este barrio tan tarde.
6 ¿Quieres que **hablo/hable** con él y que le **cuente/cuento** lo que pasó?
7. Mi jefe no me ha permitido **salir/salga** quince minutos antes.
8. Mis padres quieren **vayan/ir** de vacaciones a la montaña.

11 Corrige el error que hay en cada una de estas frases.

1. Espero que no te caes. › ....
2. Quiero que mi hermano viene a mi escuela. › ....
3. No quiero que ninguna persona duerme en la calle. › ....
4. Ojalá sabes la respuesta. › ....
5. Os prohíbo que Carlos y tú conducís de noche, es muy peligroso. › ....
6. No está bien que apagas la luz. › ....
7. Os recomiendo que vais al museo otro día, hoy hay mucha gente. › ....
8. Preferimos que no pides *pizza* para cenar. › ....
9. Quiero que recoges la habitación antes de mañana por la tarde. › ....
10. Te aconsejo que repites el ejercicio. › ....
11. Os recomiendo que practicáis más el examen oral. › ....

12 Clasifica las frases del recuadro en la tabla.

1. Quiero que mis abuelos vivan aquí. | **2.** Espero que tengas suerte. | **3.** Te pido que no vayas allí. | **4.** Espero que no llueva. | **5.** Te recomiendo que comas más verdura. | **6.** Te ruego que contestes el correo. | **7.** Te prohíbo que salgas mañana. | **8.** Deseo que mi hijo apruebe los exámenes. | **9.** Te sugiero que compres esa camiseta. | **10.** Te dejo que juegues toda la tarde. | **11.** No te permito que hables así. | **12.** Te suplico que vuelvas. | **13.** No quiero que digas mentiras.

Dar consejos y hacer recomendaciones	Expresar deseos	Hacer peticiones	Expresar permiso o prohibición

13 Expresa un deseo para estas personas con los verbos del recuadro.

llegar | gustar | dormir | ser | mejorarse | tener | aprobar | ganar

1

Deseo que ....
....

2

Espero que ....
....

3

Deseo que ....
....

4

Espero que ....
....

5
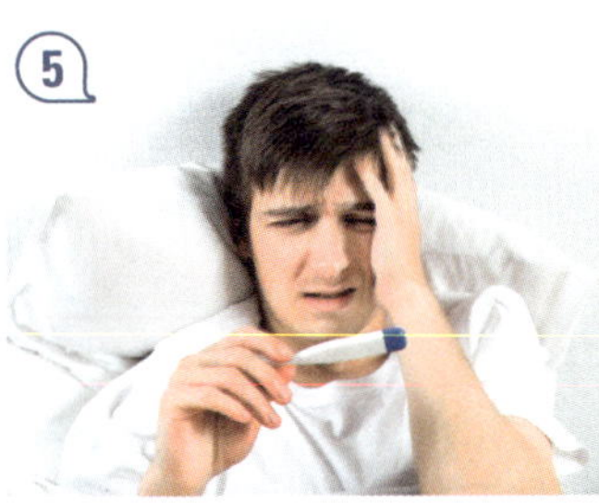
Deseo que ....
....

6

Espero que ....
....

7

Quiero que ....
....

8

Espero que ....
....

14 Ordena los párrafos del siguiente texto. Luego escucha y comprueba.

[18]

a. ☐ Por poner algunos ejemplos, en Singapur no está permitido que la gente mastique chicle por la calle, en Bangladesh las leyes no dejan que se usen bolsas de plástico y en Canadá no se puede pagar solo con monedas si el precio supera los diez dólares.

b. ☐ Para terminar, siempre es recomendable, cuando viajas a otro país, observar cómo se comporta la gente y respetar sus normas, aunque puedan parecerte extrañas. Lo más inteligente es seguir ese proverbio que dice: "Donde vayas, haz lo que veas".

c. ☐ Las cosas que están permitidas o prohibidas en diferentes lugares del mundo dependen de muchos factores culturales y sociales que, a veces, no son fáciles de comprender, pero que, en su contexto, suelen tener una explicación y una lógica.

d. ☐ En primer lugar, todas estas medidas tienen una razón que las explica. En Bangladesh, por seguir con el ejemplo, descubrieron que la mayoría de las inundaciones que sufrían eran debidas a la gran cantidad de bolsas de plástico que había en los desagües.

e. ☐ Por otro lado, están las religiones y los sistemas políticos que, a menudo, condicionan las costumbres y prohíben a la gente que haga cosas que, en otros lugares del mundo, son absolutamente naturales.

14a Busca en el texto los marcadores discursivos con las funciones indicadas y añade otros que conozcas.

1. Introducir un argumento. › ....
2. Añadir un argumento. › ....
3. Concluir con una argumentación. › ....

Cultura

15 Completa el nombre de estos instrumentos.

1

m .... r .... a s

2
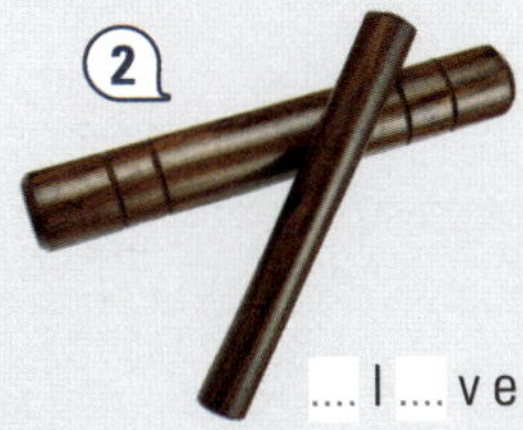
.... l .... v e ....

3

.... n g .... s

4

r .... n d .... o r

5

.... as .... a .... u .... a ....

6

.... c o .... d .... ó ....

16 Completa el texto con las palabras del recuadro.

ritmos	estilos	merengue	género	conciertos	son

El origen de la salsa

Fue a finales de los años 60 e inicio de los 70 cuando surgió el nombre de *salsa* como un [1] .... musical. Después de alcanzar una notable repercusión en Estados Unidos, la música latina llegó a todo el mundo y fue conocida por este género. Esto sucedió de una forma muy curiosa: Izzy Sanabria, diseñador gráfico en los estudios de Fania All Stars, reunió todos los [2] .... de origen cubano que había hasta entonces bajo una misma denominación. La intención era eliminar confusiones y poder vender el concepto mucho mejor. El término que utilizó para unir todos estos sonidos dispersos fue el de *salsa*, una palabra con la que se animaba a las bandas durante los [3] .... Así, se puede decir que la salsa, como conjunto de ritmos y [4] ...., nació en Cuba, pero fue en Estados Unidos donde se desarrolló y se lanzó hacia el resto del mundo.

Suele decirse que la principal influencia de la salsa es el [5] .... cubano. Pero, a la vista de su origen en la sucesión de estilos y ritmos, también hay que decir que tiene influencias del mambo, el chachachá, la guaracha, la rumba, la bomba, la plena y el [6] ....

Adaptado de https://www.goandance.com/es/blog/salsa/52-los-origenes-de-la-salsa-y-su-historia

17 Relaciona cada artista con su género.

1. Celia Cruz	a. bachata
2. Los Panchos	b. merengue
3. Daddy Yankee	c. bolero
4. Romeo Santos	d. reguetón
5. Juan Luis Guerra	e. salsa

18 Marca los tres géneros musicales que son latinoamericanos.

- ☐ vals
- ☐ tango
- ☐ ranchera
- ☐ flamenco
- ☐ milonga
- ☐ rumba

19 Marca los tres cantantes o grupos que son latinoamericanos.

☐ Calle 13 ☐ Selena Gómez ☐ Lana del Rey ☐ Juanes ☐ Christina Aguilera ☐ Luis Fonsi

Unidad 10 Rebobinamos

Palabras

1 Lee las definiciones y elige la opción correcta.

1. **Condiciones atmosféricas que caracterizan una zona.**
   a. clima
   b. medioambiente
   c. temperatura
2. **Extensión de agua que cubre la mayor parte de la tierra.**
   a. océano
   b. mar
   c. continente
3. **Periodo de cien años.**
   a. ciento
   b. centenar
   c. siglo
4. **Estación del año con el clima más frío.**
   a. otoño
   b. invierno
   c. primavera
5. **Residuos que se generan en la casa.**
   a. vertedero
   b. basura
   c. reciclaje
6. **Clima que no es frío ni cálido.**
   a. tropical
   b. tibio
   c. templado

2 Relaciona las palabras que se usan en España con sus equivalentes en el español de América.

1. reservar	a. computadora
2. ordenador	b. *mouse*
3. móvil	c. *living*/sala
4. solamente	d. hacer una reservación
5. salón	e. papa
6. dormitorio	f. celular
7. patata	g. banana
8. plátano	h. film
9. ratón	i. cuarto
10. película	j. nomás

3 Marca las palabras que tienen relación con internet.

1. ☐ red social
2. ☐ descubrimiento
3. ☐ polución
4. ☐ buscador
5. ☐ etiqueta
6. ☐ residuo
7. ☐ servidor
8. ☐ tuit
9. ☐ banderola
10. ☐ contenedor

4 Fíjate en la imagen y escribe las palabras que faltan para completar las frases.

1. Entre el sofá y la tele hay una .... ovalada.
2. En el .... hay una lámpara muy moderna.
3. Debajo de la tele hay un .... largo.
4. La ventana está entre dos ....
5. Delante de la ventana hay una ....
6. Las .... son marrones y grises.
7. En la ventana, a la izquierda, hay una ....
8. Debajo de la ventana está la ....
9. Entre el sofá y el mueble, en el suelo, hay una .... blanca.

5 Relaciona cada tarea doméstica con su imagen correspondiente.

a. Quitar el polvo. | **b.** Pasar la aspiradora. | **c.** Cocinar. | **d.** Hacer la compra. | **e.** Fregar. | **f.** Planchar.

1 

2 

3 

4 

5 

6 

6 Relaciona cada palabra con su significado.

1. descubrimiento
2. reciclaje
3. contenedor
4. anuncio
5. boletín
6. reputación

a. Algo que se encuentra por primera vez y que era desconocido.
b. Publicación digital periódica de una empresa.
c. Soporte en que se transmite publicidad.
d. Opinión que se tiene de alguien o de algo.
e. Lugar donde se pone la basura.
f. Utilización de un material que ya está usado.

7 Relaciona las palabras del recuadro con su icono correspondiente.

a. nublado | **b.** frío | **c.** sol y nubes | **d.** este | **e.** sol
f. tormenta | **g.** calor | **h.** nieve | **i.** oeste | **j.** lluvia

1

2

3

4

5

6

7

8

9

10

8 Escribe el nombre de la sección del periódico correspondiente a cada titular.

1. Mañana se juega la final de la Copa del Mundo. › ....
2. El crecimiento de la economía será del 2 %. › ....
3. Ayer se estrenó la última película de Almodóvar. › ....
4. El próximo día 20 se celebran las elecciones generales. › ....
5. Esta semana va a llover mucho y las temperaturas van a ser bajas. › ....
6. Ayer se produjo un accidente ferroviario en Almería. › ....
7. Esta mañana se ha casado la famosa actriz Maribel Verdú. › ....

Gramática

9 Completa el cuadro de gramática con las palabras del recuadro.

indefinido | específico | durativa | pasado | habituales | perfecto | presente | imperfecto | acontecimientos

- Usamos el pretérito [1] .... para:
  - a. hablar de acciones terminadas en un tiempo aún no terminado o que percibimos como [2] .... ;
  - b. hablar de una experiencia en general, sin indicar un tiempo [3] ....
- Usamos el pretérito [4] .... para:
  - c. expresar acciones terminadas en un tiempo [5] .... que no tiene relación con el presente;
  - d. hablar de hechos históricos y [6] .... del pasado.
- Usamos el pretérito [7] .... para:
  - e. describir en pasado;
  - f. hablar de acciones [8] .... en el pasado;
  - g. referirnos a una acción no terminada, [9] .... , en el momento en que otra sucede;
  - h. referirnos a las circunstancias en que sucede un hecho o una acción.

9a Fíjate en estos ejemplos y relaciónalos con los usos anteriores.

1. ☐ Cada día salía a la misma hora de casa.
2. ☐ He leído este libro varias veces.
3. ☐ La casa era pequeña y estaba lejos.
4. ☐ Cuando la llamé, estaba en el trabajo.
5. ☐ Hoy no he tenido tiempo para acabarlo.
6. ☐ Anoche fui a cenar con Raúl.
7. ☐ La Guerra Civil terminó en 1939.
8. ☐ Cuando nací, mi madre tenía 20 años.

10 Elige la opción correcta.

1. Cuando me he despertado **ha llovido/llovió/llovía**.
2. Ayer vimos una película que nos **ha encantado/encantó/encantaba**.
3. ¿No **has hablado/hablaste/hablabas** todavía con el profesor?
4. ¿Aún no **has terminado/terminaste/terminabas**?
5. El sábado Jaime no **ha salido/salió/salía** porque **ha estado/estaba/estuvo** muy cansado.
6. Anoche **he estado/estuve/estaba** esperándole una hora, pero no **ha venido/vino/venía**.
7. Esta tarde, cuando **he llegado/llegué/llegaba** a clase, ya no **quedaba/quedó/ha quedado** nadie.
8. Ana **ha estado/estuvo/estaba** muy delgada cuando **fue/era/ha sido** pequeña.

11 Clasifica los marcadores del recuadro en la tabla.

nunca | el otro día | ya | este mes | hasta ahora | en 1997 | el martes pasado | todavía no
en abril | hoy | alguna vez | hace una semana | muchas veces | anteayer | el verano pasado

Pretérito perfecto	Pretérito indefinido

12 Escucha y marca verdadero o falso.

[19]

1. Pedro se fue a la facultad con su hermana pequeña. .... V F
2. La hermana de Pedro estaba enferma. ...... V F
3. Pedro no pudo ir a clase porque tenía fiebre. .... V F
4. Los padres de Pedro tenían un día difícil en el trabajo. .... V F
5. La clase de Literatura estuvo muy bien. ...... V F
6. En clase leyeron una novela muy divertida. .... V F
7. La novela trata de un extraterrestre que busca a su pareja en Barcelona. .... V F
8. La novela es un diario escrito por un extraterrestre. .... V F

12a Escucha el diálogo de nuevo y completa los espacios en blanco.

[19]

Amaya: Hola, Pedro. ¿Qué hiciste ayer? ¿Por qué [1] ....?

Pedro: Me tuve que quedar en casa con mi hermana pequeña.

Amaya: ¿Y eso?

Pedro: No pudo ir al colegio [2] .... y mis padres tenían los dos un día muy complicado en el trabajo y [3] ....

Amaya: ¿Y ya se ha puesto bien tu hermana?

Pedro: Sí, mi padre la ha dejado esta mañana en el colegio.

Amaya: Pues ayer [4] .... una clase muy divertida.

Pedro: ¿Cuál?

Amaya: La de Literatura. La profe [5] .... que se titula *Sin noticias de Gurb*.

Pedro: [6] ...., pero sé que es de Eduardo Mendoza.

Amaya: Pues leímos un fragmento muy divertido. ¿Sabes de qué trata?

Pedro: No, ¿de qué?

Amaya: Es sobre un extraterrestre que [7] .... a principios de los noventa y perdió a su compañero en la ciudad. La novela es el diario que escribió [8] .... contando sus aventuras. [9] ....

Pedro: ¿Tenemos que leerlo para la clase?

Amaya: Sí, y también escribir un pequeño comentario.

12b Escribe en tu cuaderno un texto de unas cuarenta palabras para contar el argumento del último libro que has leído.

13 Completa el cuadro de gramática con las palabras que tienes a continuación.

narración | imperfecto | descripción | circunstancias | puntuales

- Los pretéritos perfecto e indefinido expresan acciones terminadas y [1] ...., por eso usamos estos tiempos para la [2] ....:

  *Ayer **llegó** tarde y hoy **ha hecho** lo mismo.*

- El pretérito [3] .... presenta la acción en un tiempo pasado, pero sin especificar el comienzo o el final de la misma; por eso es el tiempo que usamos para la [4] ...., para hablar de las [5] .... que rodean los hechos:

  *Ayer hubo muchos problemas de tráfico porque **nevaba**.*

14 Relaciona cada hecho con una circunstancia para completar las frases.

1. No pudo entrar en casa,
2. Me he levantado más tarde,
3. Ha hecho mal el examen,
4. No me habló en todo el día,
5. Me quedé en casa,
6. Nos salimos del cine a la media hora,

a. estaba muy enfadado.
b. estaba demasiado nerviosa.
c. no me sentía muy bien.
d. no encontraba las llaves.
e. la película era malísima.
f. no tenía clase.

15 Completa el texto escribiendo los verbos entre paréntesis en pretérito indefinido o imperfecto.

La puerta del salón se [1] .... (abrir) y [2] .... (empezar, nosotros) a cantar nuestro *Cumpleaños feliz*. Lo [3] .... (hacer, nosotros) muy bien, [4] .... (tener, tú) que haber visto la cara que [5] .... (poner) mi abuelo cuando [6] .... (ver) que España entera [7] .... (estar) en el salón de mi casa. Detrás de él, [8] .... (entrar) don Ezequiel con una bandeja de gambas y todo el mundo lo [9] .... (recibir) con un gran aplauso. Creo que la bandeja no [10] .... (durar) ni un segundo. Los abuelos se [11] .... (comer) las gambas con cáscara. La gente [12] .... (empezar) a sacar los regalos. El regalo del abuelo de Yihad [13] .... (ser) una bufanda a cuadros que a mi abuelo le [14] .... (encantar); los otros abuelos le [15] .... (regalar) dos bufandas, una negra y otra verde, que a mi abuelo le [16] .... (parecer) preciosas; Luisa le [17] .... (dar) una bufanda *made in* Italia que [18] .... (ser) muy elegante; mi madre le [19] .... (regalar) un *foulard*, que es como una bufanda, pero de tela, "así va a parecer usted más joven", y todo el mundo [20] .... (estar) de acuerdo en que el abuelo [21] .... (parecer) diez años más joven.

Adaptado de *Manolito Gafotas*, Elvira Lindo

16 Fíjate en las imágenes y escribe una historia en pasado. Recuerda que debes describir y narrar.

....

....

....

17 Marca los aspectos de la expresión escrita que te preocupan más cuando escribes en español.

- ☐ Los signos de puntuación.
- ☐ El uso de los tiempos verbales.
- ☐ El vocabulario.
- ☐ La construcción de las frases.
- ☐ La estructura del texto.
- ☐ Las normas de ortografía.

Cultura

18 Fíjate en las imágenes y completa los nombres.

1. m .... á ....

2. .... a r .... c i

3. qu .... c .... ñ .... r ....

4. B .... lb ....

5. m .... r .... a ....

6. L .... H .... a .... a

19 Escucha y escribe el número de cada país donde corresponda.

[20]

- ☐ México
- ☐ Venezuela
- ☐ Chile
- ☐ Colombia
- ☐ Perú
- ☐ Cuba
- ☐ Uruguay
- ☐ Argentina

20 Marca las cuatro comunidades españolas que aparecen entre los siguientes nombres.

- ☐ Galicia
- ☐ Toledo
- ☐ Lanzarote
- ☐ País Vasco
- ☐ Granada
- ☐ Andalucía
- ☐ Extremadura
- ☐ Mallorca

20a Dos de las comunidades de la actividad anterior tienen una lengua propia. Indica cuáles y escribe el nombre de sus lenguas.

....

....

20b Además de esas dos lenguas, hay otras dos que tienen carácter oficial en España. Escribe sus nombres.

....

....

Apéndices

Unidad 1: ¡Qué divertido!

Presente de indicativo regular

- El presente de indicativo se usa para expresar **acciones habituales** (acompañadas generalmente de **expresiones de frecuencia**: *normalmente, todos los días, con mucha frecuencia, a veces, los domingos...*) o **acciones** que suceden en tiempo **presente**:

  *Todos los días **me levanto** a las 7 h para ir a trabajar.*

  *A veces **voy** al cine los domingos.*

  ***Vivo** en Madrid.*

- Estas son sus terminaciones **regulares**:

	Hablar	Aprender	Escribir
yo	hablo	aprendo	escribo
tú	hablas	aprendes	escribes
él, ella, usted	habla	aprende	escribe
nosotros/as	hablamos	aprendemos	escribimos
vosotros/as	habláis	aprendéis	escribís
ellos, ellas, ustedes	hablan	aprenden	escriben

RAE

GRAMÁTICA

- Recuerda que en el Cono Sur (Argentina, Uruguay y Paraguay, principalmente) la forma para tú es vos: *Quiero saber algo de **vos**.*
- El pronombre vos tiene formas especiales para el presente de indicativo *(vos cantás/sabés/vivís/tenés/conocés/jugás...)*:
  *¿Y vos cómo lo **sabés**...?*

Presente de indicativo irregular

- **Cambios vocálicos**

	e › ie Cerrar	Otros verbos	o › ue Dormir	Otros verbos	e › i Pedir	Otros verbos	i › y Construir	Otros verbos
yo	cierro	empezar	duermo	recordar	pido	reírse	construyo	huir
tú	cierras	comenzar	duermes	poder	pides	repetir	construyes	destruir
él, ella, usted	cierra	merendar	duerme	volver	pide	vestirse	construye	concluir
nosotros/as	cerramos	querer	dormimos	contar	pedimos	medir	construimos	distribuir
vosotros/as	cerráis	preferir	dormís	costar	pedís	elegir	construís	instruir
ellos, ellas, ustedes	cierran	despertarse	duermen	acostarse	piden	corregir	construyen	sustituir

Recuerda:
La irregularidad *u* › *ue* solo se da en el verbo ***jugar***: *juego, juegas, juega, jugamos, jugáis, juegan.*

- **Primera persona *(yo)* irregular**

Hacer	Saber	Salir	Poner	Dar	Ver	Conocer
hago	**sé**	**salgo**	**pongo**	**doy**	**veo**	**conozco**
haces	sabes	sales	pones	das	ves	conoces
hace	sabe	sale	pone	da	ve	conoce
hacemos	sabemos	salimos	ponemos	damos	vemos	conocemos
hacéis	sabéis	salís	ponéis	dais	veis	conocéis
hacen	saben	salen	ponen	dan	ven	conocen

- **Doble irregularidad**

Tener	Venir	Decir	Oír
tengo	**vengo**	**digo**	**oigo**
tienes	vienes	dices	oyes
tiene	viene	dice	oye
tenemos	venimos	decimos	oímos
tenéis	venís	decís	oís
tienen	vienen	dicen	oyen

- **Irregularidad propia**

Haber	Ir	Estar	Ser
he	**voy**	**estoy**	**soy**
has	**vas**	**estás**	**eres**
ha	**va**	**está**	**es**
hemos	**vamos**	estamos	**somos**
habéis	**vais**	estáis	**sois**
han	**van**	**están**	**son**

Oraciones de relativo

- Las oraciones de relativo permiten **unir frases** que tienen un elemento en común. Para ello, se usan los **relativos**.
- Los relativos más usados son ***que*** y ***donde***:

Tengo un **hijo** + mi **hijo** habla chino › *Tengo un **hijo que** habla chino.*

Vivo en una **casa** + la **casa** está cerca › *La **casa donde** vivo está cerca.*

Gustar y otros verbos con estructura similar

- Recuerda que el verbo ***gustar*** tiene una construcción especial:

(a mí)	(no)	**me**	+	gust**a** + infinitivo/nombre singular
(a ti)		**te**		gust**an** + nombre plural
(a él, ella, usted)		**le**		
(a nosotros/as)		**nos**		
(a vosotros/as)		**os**		
(a ellos, ellas, ustedes)		**les**		

*A Dani **le gusta salir** los domingos por la mañana al campo.*
*A los niños **les gusta el helado** de chocolate.*
*No **me gustan** mucho **las películas** bélicas.*

- Hay muchos verbos con la misma estructura que ***gustar***, como ***encantar, interesar, molestar, doler***...:

Me duelen las muelas.

Organizar el discurso y las acciones

- Existen palabras y expresiones que nos ayudan a organizar el discurso y las acciones. Algunos de sus usos son:
  - Expresar **consecuencia** › ***por eso, entonces, por lo tanto***:

    *No me gusta viajar en avión, **por lo tanto**, cuando tengo que viajar, voy en tren o en coche.*
  - **Ordenar** la información › ***primero, luego, después, por último, para terminar***:

    ***Primero** nos levantamos, **luego** vamos a la playa y **después** tomamos el aperitivo. **Por último**, volvemos a casa y preparamos la comida.*
  - **Ejemplificar** › ***por ejemplo, como***:

    *A mis padres les encantan los lugares con un clima fresco para pasar las vacaciones, **como** Santander o Gijón.*

Expresar frecuencia

(casi) nunca • a veces • con frecuencia • a menudo • normalmente • siempre

– ⟶ +

Valorar positiva y negativamente

- Para valorar **positivamente** puedes usar:
  - ***Gustar*** + nombre/infinitivo
    *Me **gusta** la playa.*
    *Me **gusta** relajarme en la playa.*
  - ***Preferir*** + nombre/infinitivo
    ***Prefiero** la playa. Es muy relajante.*
    ***Prefiero** pasar mis vacaciones en la montaña.*
- Para valorar **negativamente** puedes usar:
  - ***No gustar*** + nombre/infinitivo
    ***No me gustan** los helados.*
    ***No me gusta** tomar helados.*
  - ***Molestar*** + nombre/infinitivo
    ***Me molestan** los lugares ruidosos.*
    ***Me molesta** estar en un lugar ruidoso.*

Hablar sobre los motivos y las razones para hacer algo

- ***¿Para qué/Por qué*** + verbo conjugado...?
  *¿**Para qué** practicas deporte?*
  *¿**Por qué** practicas deporte?*
- ***Para*** + infinitivo
  ***Para** sentirme mejor.*
- ***Porque*** + verbo conjugado
  ***Porque** quiero sentirme mejor.*

Unidad 2: Estamos de fiesta

Comparativos

Cuando **comparamos** algo, podemos establecer tres grados:

- De **superioridad** (+) › ***más... que***: *Laura es **más** morena **que** tú.*
- De **inferioridad** (-) › ***menos... que***: *Hoy hay **menos** gente **que** ayer.*
- De **igualdad** (=) › – ***tan*** + adjetivo + ***como***: *Javi es **tan** alto **como** yo.*
  - ***tanto/a/os/as*** + nombre + ***como***:
    *Hoy hace **tanto** calor **como** ayer.*
    *Tienen **tanta** hambre **como** yo.*
    *Sara no tiene **tantos** libros **como** Julia.*
    *Tengo **tantas** amigas **como** amigos.*
  - verbo + ***tanto*** + ***como***
    *Mario gana **tanto como** yo.*

Hay cuatro comparativos de superioridad irregulares:

- + bueno › ***mejor***: *Esta canción es **mejor** que la anterior.*
- + malo › ***peor***: *Hoy el tiempo está **peor** que ayer.*
- + grande › ***mayor***: *Mi madre es **mayor** que la tuya.*
- + pequeño › ***menor***: *David es un año **menor** que nosotras.*

> Fíjate:
> - Los comparativos ***mayor*** y ***menor*** se usan para referirse a la edad:
>   *Mi hermano es **menor** que yo.*
> - Para comparar tamaños es más habitual usar ***más grande/más pequeño***:
>   *Tu casa es **más grande** que la de Juan, sin duda.*

Para expresar el grado máximo o **superlativo** puedes usar ***el/la/los/las más/menos de***:

*Paco es **el más alto de** la clase.* *Esta niña es **la más lista de** sus hermanos.*

Contraste *ser* y *estar*

Usamos el verbo *ser* para hablar de las **características** que definen a las personas, las cosas y los lugares. Con el verbo ***ser***:

- **Identificamos:**
  *David **es** mi profesor.*
  *Mi chaqueta **es** la azul.*
- **Describimos** personas, cosas y lugares:
  ***Eres** muy alta.*
  *La mesa **es** redonda y **es** de madera.*

- Describimos el **carácter** de las personas y la **calidad** de las cosas:
  __Son__ chicos inteligentes y serios.
  Esa película __es__ muy buena.
- Expresamos la **nacionalidad** y el **origen**:
  __Soy__ chileno, __soy__ de Santiago.
  El ceviche __es__ peruano.
- Decimos la **profesión** y la ocupación:
  Yo __soy__ veterinaria, ¿tú qué __eres__?
  __Somos__ estudiantes.
- Hablamos de las **relaciones personales** y de **pertenencia**:
  Juan __es__ mi primo y Ana y yo __somos__ amigos.
  Este libro __es__ de Raúl.

Usamos el verbo ***estar*** para referirnos a **características temporales** o que se refieren a un estado. Con el verbo ***estar*** hablamos de:

- Estados **físicos**:
  No __estoy__ enfermo, __estoy__ cansado.
- Estados **de ánimo**:
  Marta __está__ muy contenta y Javi __está__ nervioso.
- Estado o situación **provisional**:
  __Estoy__ de vacaciones.
- **Ubicación** y **posición**:
  Juan __está__ de pie, __está__ a la derecha de Luis.
- El **resultado** de una **acción**:
  La puerta __está__ cerrada.

Expresar la opinión

- **Para mí...**
  Para mí, este plato es mejor que el que cenamos ayer.
- **Creo, pienso + que**
  __Creo que__ es una buena idea.
  __Pienso que__ los globos son más bonitos que las guirnaldas.
- ***Me parece*** + *que*/adjetivo/adverbio de valoración
  __Me parece que__ han suspendido las clases.
  __Me parece bien__ lo que dices.

> Fíjate:
> - ***Parecer*** se construye como el verbo ***gustar***:
>   *Me parece__n__ bonitas tus fotos.*
> - Recuerda que ***pensar*** es irregular, cambia la ***e*** del infinitivo por ***ie***: *p__ie__nso, p__ie__nsas, p__ie__nsa, pensamos, pensáis, p__ie__nsan.*

Hacer propuestas o sugerir planes. Expresar acuerdo/desacuerdo

Hacer **propuestas** o sugerir planes:

- **Vamos a...**
  __Vamos a__ hacer la fiesta con muchos globos.
- **¿Por qué no...?**
  ¿__Por qué no__ hacemos un regalo colectivo?
- **¿Qué tal si...?**
  ¿__Qué tal si__ ponemos tapas variadas?
- **Lo mejor es..., ¿estás de acuerdo conmigo?**
  __Lo mejor es__ contratar un cáterin, __¿estás de acuerdo conmigo?__

Expresar **acuerdo**:

- **Vale/Buena idea/Estoy de acuerdo. Yo también creo...**
  __Vale. Nosotros también creemos__ que los globos son muy bonitos y decoran mucho.
- **Para mí también/tampoco...**
  __Para mí también__ las tapas son la mejor opción. Sale más barato.

Expresar **desacuerdo**:

- (Pues) (Yo) **No estoy de acuerdo contigo/con vosotros/con...**
- Cuando se expresa desacuerdo con una propuesta o sugerencia, es frecuente dar una **alternativa**:
  Yo no estoy de acuerdo con vosotros. __Es mejor__ llevar unos sándwiches hechos de casa.

Contrargumentar o puntualizar

- **Sí, (es verdad,) pero...**
  ▶ *Es una novela muy interesante.*
  ▷ *__Sí, (es verdad,) pero__ demasiado larga.*
- **Sí, (estoy de acuerdo,) pero...**
  ▶ *Es un coche muy caro.*
  ▷ *__Sí, (estoy de acuerdo,) pero__ es más seguro que la mayoría.*

Unidad 3: Viajes con encanto

Pretérito indefinido regular e irregular (1)

- El **pretérito indefinido** es un tiempo verbal de **pasado**. Las formas **regulares** tienen las siguientes terminaciones:

	Viajar	Comer	Vivir
yo	viajé	comí	viví
tú	viajaste	comiste	viviste
él, ella, usted	viajó	comió	vivió
nosotros/as	viajamos	comimos	vivimos
vosotros/as	viajasteis	comisteis	vivisteis
ellos, ellas, ustedes	viajaron	comieron	vivieron

- Fíjate que las terminaciones para los verbos en *-er* y en *-ir* son iguales.
- La persona ***nosotros/as*** en los verbos en *-ar* e *-ir* coincide con el presente de indicativo:

  *Siempre **viajamos** en avión, pero el año pasado **viajamos** en tren a Barcelona.*
  *De pequeños **vivimos** en Sevilla durante unos años, pero ahora **vivimos** en Madrid.*

- En algunos casos, el acento es la única marca para diferenciar las formas verbales:

  viajo (presente de indicativo, *yo*)
  viajó (pretérito indefinido, *él, ella, usted*)

Verbos irregulares comunes en pretérito indefinido

- Algunos de los verbos más comunes son irregulares en pretérito indefinido:

	Ser/Ir	Tener	Hacer	Estar	Dar
yo	**fui**	**tuve**	**hice**	**estuve**	**di**
tú	**fuiste**	**tuviste**	**hiciste**	**estuviste**	**diste**
él, ella, usted	**fue**	**tuvo**	**hizo**	**estuvo**	**dio**
nosotros/as	**fuimos**	**tuvimos**	**hicimos**	**estuvimos**	**dimos**
vosotros/as	**fuisteis**	**tuvisteis**	**hicisteis**	**estuvisteis**	**disteis**
ellos, ellas, ustedes	**fueron**	**tuvieron**	**hicieron**	**estuvieron**	**dieron**

- Los verbos ***ser*** e ***ir*** comparten la misma forma en el pretérito indefinido:

  *Mi abuelo **fue** un médico muy conocido./El año pasado Ana **fue** a Egipto.*

Uso del pretérito indefinido

- El pretérito indefinido expresa **acciones terminadas** que se desarrollan en un **tiempo pasado** que no tiene relación con el presente:

  *Mis padres **se conocieron** en Argentina en 1970.*
  *El año pasado **viajé** por toda Europa durante dos meses.*

- Algunos **marcadores temporales** frecuentes que se usan con el pretérito indefinido son ***anoche, ayer, anteayer, el otro día, la semana pasada, el mes/año pasado***...:

  ***Ayer** cené en un restaurante japonés.*
  ***El otro día** estuve con Ana en una fiesta.*

> ***El otro día*** se refiere a un momento indeterminado del pasado cercano o reciente. Se usa cuando no es importante situar de manera exacta en el tiempo una acción pasada.

En las referencias temporales usamos la palabra ***hace*** cuando la acción sucedió dos o más días, semanas, meses o años atrás:

***La semana pasada** fui a Londres.* ***Hace dos semanas** fui a Londres.*

Contraste *ir/irse*

- ***Ir*** es 'moverse de un lugar a otro, desplazarse a un lugar':
  Fui a Argentina el año pasado.
- ***Irse*** es 'abandonar un lugar':
  Me fui *de la fiesta a las once.*

Señalar el comienzo y el final de una acción

- Para señalar el comienzo o inicio de una acción se utiliza ***empezar*** + ***a*** + infinitivo:
  Empecé a *trabajar en la empresa en septiembre del año 2015.*
- Para indicar el principio de un recorrido o el momento en el que comienza algo, se utiliza ***desde***:
  Desde *casa tardo cinco minutos en llegar al trabajo.*
  Estoy aquí ***desde*** *noviembre del año pasado.*
- Para indicar el final de un recorrido o el momento en el que termina algo, se utiliza ***hasta***:
  Desde Madrid ***hasta*** *Barcelona hay más de 600 kilómetros de distancia.*
  Me quedo en España ***hasta*** *final del verano.*

Reaccionar en una conversación

Para mantener una conversación es importante reaccionar ante lo que los otros nos dicen y mostrar empatía. Estas son algunas de las frases más comunes:

- Mostrar **alegría:**
  - **¡Qué bien/suerte/buena noticia!**
- Mostrar **fastidio o pena**:
  - **¡Qué pena/horror/lástima!**
  - **¡Vaya, hombre!**
- Mostrar **alivio**:
  - **¡Menos mal!**
  - **¡Qué alivio/descanso!**
- Mostrar **sorpresa**:
  - **¡No me digas!**
  - **¿De verdad?**
  - **¿En serio?**

> Fíjate:
> En la cultura hispana, el silencio ante lo que otra persona está contando se interpreta como falta de interés, no como muestra de respeto. Por eso es importante aprender estas expresiones que sirven para mantener una conversación.

Unidad 4: Hemos conectado

Pretérito perfecto: forma y usos

- El pretérito perfecto se forma con el verbo auxiliar ***haber*** y el **participio** del verbo principal:

	Estudiar	**Entender**	**Repetir**
yo	**he** estudiado	**he** entendido	**he** repetido
tú	**has** estudiado	**has** entendido	**has** repetido
él, ella, usted	**ha** estudiado	**ha** entendido	**ha** repetido
nosotros/as	**hemos** estudiado	**hemos** entendido	**hemos** repetido
vosotros/as	**habéis** estudiado	**habéis** entendido	**habéis** repetido
ellos, ellas, ustedes	**han** estudiado	**han** entendido	**han** repetido

> Fíjate:
> El participio no cambia de género ni de número: *yo he* ***leído****/ella ha* ***leído****/ellos han* ***leído****...*

- En los verbos **reflexivos** el pronombre se coloca **delante del verbo**:
  Hoy ***me*** *he duchado por la mañana.*

- Algunos participios **irregulares** son:

abrir	›	**abierto**	hacer	›	**hecho**	romper	›	**roto**
decir	›	**dicho**	morir	›	**muerto**	ver	›	**visto**
escribir	›	**escrito**	poner	›	**puesto**	volver	›	**vuelto**
cubrir	›	**cubierto**	resolver	›	**resuelto**	descubrir	›	**descubierto**

*¿Dónde **habéis puesto** el portátil?*

*Marisa **ha vuelto** hace poco.*

- El pretérito perfecto se usa para hablar de **acciones terminadas** en un **tiempo** aún **no terminado** o que percibimos como presente:

__Esta semana/Este mes/Este año__ no he viajado.

__Hoy__ hemos visto a Esteban.

- Se usa también para hablar de **experiencias vividas o no** de una manera general, sin una idea de tiempo. En este caso usamos marcadores temporales que tienen un carácter general que abarca el presente:

__Nunca__ he estado en Berlín.

He leído el último libro de Muñoz Molina y me ha encantado.

¿Has viajado __alguna vez__ en avión?

__Hasta ahora__ hemos visitado veinte países.

Contraste *ya/todavía no, aún no*

Cuando hablamos de planes realizados o no, usamos *ya* para preguntar o confirmar su realización y *todavía no, aún no* para preguntar o indicar su no realización hasta el momento:

▶ *¿Has terminado **ya** el ejercicio?*

▷ *Sí, **ya** lo he terminado hace rato.*

▶ *¿**Todavía no** has visto el concurso de Tele 5?*

▷ *No, **aún no** lo he visto.*

Contraste *conocer/saber*

Usamos el verbo *conocer* para referirnos a **experiencias**: lugares donde hemos estado, personas que hemos encontrado, cosas que hemos experimentado antes. El verbo *saber* sirve, en cambio, para hablar de **conocimientos** y **habilidades**:

*No **conozco** a Juan.*

*¿**Conoces** mi país?*

*¿**Sabes** hablar francés?*

*No **sé** dónde está Ana.*

La negación

- Para negar en español, además del adverbio *no*, podemos usar otros elementos, como *nunca, jamás, tampoco, nadie*...:

__Nunca__ hemos viajado en barco.

- Cuando estas expresiones negativas van después del verbo, se construyen con el adverbio *no*. Es la doble negación:

__No__ hemos viajado __nunca__ en barco.

- La conjunción *ni* equivale a *y no*:

*No lo he hecho **ni** lo voy a hacer.*

También es posible usar *ni... ni*, que hace la negación más enfática:

*No han venido **ni** Marta **ni** Luisa.*

Decimales

- Los decimales se pueden separar con una coma (,) o un punto (.).
- Para expresar los decimales puedes usar *con, coma* (si el decimal va separado por coma) o *punto* (si va separado por punto):

90,1/90.1: *noventa **con** uno* o ***coma/punto** uno*

3,9/3.9: *tres **con** nueve* o ***coma/punto** nueve*

0,7/0.7: *cero **con** siete* o ***coma/punto** siete*

Unidad 5: Vivencias

Pretérito indefinido irregular (2)

Hay un grupo numeroso de verbos que tienen una **irregularidad vocálica** en la raíz o en la terminación de la **tercera persona** singular y plural del pretérito indefinido:

	En la raíz		En la terminación	
	e › i	o › u	i › y	
	Pedir	**Dormir**	**Oír**	**Creer**
yo	pedí	dormí	oí	creí
tú	pediste	dormiste	oíste	creíste
él, ella, usted	p**i**dió	d**u**rmió	o**y**ó	cre**y**ó
nosotros/as	pedimos	dormimos	oímos	creímos
vosotros/as	pedisteis	dormisteis	oísteis	creísteis
ellos, ellas, ustedes	p**i**dieron	d**u**rmieron	o**y**eron	cre**y**eron

- Otros verbos con irregularidad e › i: pref**e**rir, el**e**gir, m**e**dir, m**e**ntir, corr**e**gir...
- Otro verbo con irregularidad o › u: m**o**rir.
- Los cambios en la terminación se producen en los que verbos cuya raíz termina en vocal. Otros verbos con la terminación irregular son constr**ui**r, destr**ui**r, incl**ui**r, distrib**ui**r, c**ae**r, l**ee**r...:
  constr**u-i**r › constr**ui**ó › constru**y**ó; c**a-e**r › c**ai**ó › ca**y**ó; l**e-e**r › l**ei**ó › le**y**ó...

Marcadores temporales de pretérito indefinido

En una biografía se encuentran **indicaciones temporales** (fechas, periodos, edades) y expresiones para relacionar unos hechos con otros.

- Para hablar de una **fecha**:
  - en... – el 17 de abril de 1919 – *a los/con* + edad

  ***En** 2011 lanzó un álbum con poemas de su amigo Federico García Lorca.*
  *Nació **el** 17 **de** abril **de** 1919.*
  ***A los 42 años** publicó su primer álbum,* Noche bohemia.
- Para hablar de la **duración** de una acción:
  - desde... hasta... – de... a...

  *Chavela Vargas vivió en Costa Rica **desde/de** 1919 **hasta/a** 1935.*
- Para **relacionar** dos momentos del pasado:
  - al cabo de... – después de...
  - a los dos días/tres meses – a las cinco semanas – a la mañana/al día siguiente
  - poco (tiempo)/dos días/un mes/un año **más tarde/después**

  ***Diez años después de** su llegada a México se hizo famosa.*
  ***Al cabo de 10 años** apareció en la película* Frida *interpretando "La llorona".*

> Recuerda:
> En las referencias temporales usamos la palabra ***hace*** cuando la acción sucedió dos o más días, semanas, meses o años atrás:
> ***La semana pasada** fui a Londres.* ***Hace dos semanas** fui a Londres.*

Contraste pretérito perfecto/pretérito indefinido

- Se utiliza el **pretérito perfecto** para hablar de **acciones terminadas** en un **tiempo no terminado** o de **experiencias vividas** sin importar el momento concreto en el que sucedió la acción:

  Esta tarde he estado en casa de mis padres.

  Nunca he estudiado japonés. (No he tenido la experiencia hasta ahora).

- El **pretérito indefinido** es un tiempo del pasado que expresa **acciones terminadas** en un **tiempo terminado**; por eso se usa para dar información sobre la vida de alguien, hablar de hechos históricos y acontecimientos del pasado o informar del tiempo que separa dos acciones:

  *Nació **en el año 2002**.*

  ***Ocho años después** regresó a su país.*

  *La guerra civil española comenzó **en el año 1936** y terminó **en 1939**.*

RAE

GRAMÁTICA

En los países de Hispanoamérica y en algunas zonas de España como Galicia, Asturias, parte de León y Canarias, se usa el pretérito indefinido en lugar del pretérito perfecto para hablar de acciones terminadas en un tiempo no terminado: *Estoy muy cansado porque **esta mañana salí** de casa muy temprano y **no llegué** hasta las nueve de la noche. **Fue** un día muy largo.*

En español de España se diría: *Estoy muy cansado porque **esta mañana he salido** de casa muy temprano y **no he llegado** hasta las nueve de la noche. **Ha sido** un día muy largo.*

Contraste *ya/todavía no, aún no* (repaso)

- Recuerda que *ya* + pretérito perfecto se usa para preguntar o confirmar la realización de una acción que debía cumplirse o que esperamos ver realizada:

  ▶ *¿Ya has ido al gimnasio?* ▷ *Sí, **ya** he ido.*

- ***Todavía, aún no*** + pretérito perfecto indica que la acción no se ha realizado hasta el momento:

  ***Todavía no** he ido. Iré más tarde.*

Contar una anécdota

- Una **anécdota** es un **relato breve** sobre algún acontecimiento **curioso** o **divertido**.
- En la conversación es frecuente introducir la anécdota con expresiones como:
  - **¿Sabes lo que me pasó** ayer/el lunes/el otro día/cuando llegué a...?
  - **Te voy a contar una cosa** que me pasó ayer/el lunes/el otro día/cuando llegué a...
  - **Pues resulta que** ayer/el lunes/el otro día/cuando llegué a...
- El interlocutor contesta con:
  - **¿Qué te pasó?**
  - **Cuenta, cuenta...**
- Y reacciona a lo largo del relato con expresiones como:
  - **¡No me digas!**
  - **¡Qué bien/mal/(buena) suerte/mala suerte...!**
  - **¡Es increíble!**

Recuerda:
En español es necesario ir reaccionando ante lo que narra el interlocutor. El silencio absoluto se interpreta como falta de interés.

Unidad 6: ¿Cómo era antes?

Hablar del tiempo atmosférico

- Para **describir el tiempo atmosférico** podemos usar:
  - **Hace** calor, sol, frío, aire/viento, fresco...
  - **Llueve./Está lloviendo.**
  - **Nieva./Está nevando.**

    Los verbos ***llover*** y ***nevar*** solo se usan con el verbo en **tercera persona del singular**.
  - **Hay** nieve, tormenta, niebla, relámpagos, nubes...
  - **Está** nublado, despejado, soleado...
  - **La temperatura es** alta, baja/**Estamos a** X grados (centígrados).
- Se puede hablar del tiempo de manera general con las expresiones ***hace buen tiempo*** (si hace sol o calor) y ***hace mal tiempo*** (si llueve o hace frío).
- Para hablar de las características del **clima** o el **tiempo** de un lugar, una estación o un mes del año, puedes usar estos adjetivos:
  - Relacionados con el **tipo de clima**: mediterráneo, oceánico, continental...
  - Relacionados con la **temperatura**: frío/a, templado/a, cálido/a, suave, duro/a, extremo/a...
  - Relacionados con la **lluvia**: húmedo/a, seco/a.

    *La primavera en Madrid es muy **húmeda**.*

    *Agosto en Sevilla es muy **cálido**.*

    *En Valencia hay clima **mediterráneo**.*

    *La temperatura en septiembre es **templada**.*

Pretérito imperfecto de indicativo: forma y usos

- El **pretérito imperfecto** tiene dos terminaciones distintas, una para los verbos que terminan en ***-ar*** y otra para los que terminan en ***-er*** e ***-ir***:

	Hablar	**Leer**	**Escribir**
yo	habl**aba**	le**ía**	escrib**ía**
tú	habl**abas**	le**ías**	escrib**ías**
él, ella, usted	habl**aba**	le**ía**	escrib**ía**
nosotros/as	habl**ábamos**	le**íamos**	escrib**íamos**
vosotros/as	habl**abais**	le**íais**	escrib**íais**
ellos, ellas, ustedes	habl**aban**	le**ían**	escrib**ían**

- Este tiempo solo tiene **tres verbos irregulares**:

Ser	**Ir**	**Ver**
era	**iba**	**veía**
eras	**ibas**	**veías**
era	**iba**	**veía**
éramos	**íbamos**	**veíamos**
erais	**ibais**	**veíais**
eran	**iban**	**veían**

- El **pretérito imperfecto** es un tiempo del pasado que se usa para:
  - **Describir** en pasado:

    *La clase **era** grande. La profesora **se llamaba** Inés y **era** chilena.*
  - Hablar de **acciones habituales** en el pasado:

    ***Me levantaba** a las ocho, **salía** a las nueve y **cogía** el autobús.*
  - Hablar de una **acción** en pasado **interrumpida** por otra acción en pasado:

    ***Veía** una película cuando me llamaste.* (La acción de *ver* es interrumpida por la acción de *llamar*).
  - El imperfecto se usa también para pedir algo con **cortesía**. En este caso, el imperfecto es presente:

    ▶ ***Quería** pedirte un favor...* ▷ *Dime. Si puedo ayudarte, lo haré.*

Contraste de los tiempos del pasado

- El **pretérito imperfecto** presenta la acción en un tiempo pasado, pero **sin especificar el comienzo o el final** de la misma:

  Estaba lloviendo.

  Por esta razón el imperfecto es el tiempo que usamos para la **descripción**, para hablar de las **circunstancias** que rodean a los **hechos o acciones**:

  ***Estaba** lloviendo y por eso me quedé/he quedado en casa.*

- Los hechos o acciones se expresan en **pretérito perfecto** si son hechos o acciones terminados en relación con el presente, o en **pretérito indefinido** si son hechos o acciones terminados en relación con el pasado:

  ***Era** medianoche y **llovía** mucho. La calle **estaba** oscura y **había** poco tráfico. De repente, un coche **se detuvo**, la ventanilla del conductor **se abrió** y **vi** que era Luisa, una compañera de la universidad. Desde aquella noche no nos **hemos separado** y **hemos vivido** momentos muy felices.*

- El **pretérito imperfecto** también se usa para hablar de acciones **habituales** del pasado sin indicar su final:

  *De pequeña **iba** al parque todas las tardes y **jugaba** con mis amigos.*

Posesivos pospuestos

- Los posesivos **pospuestos** concuerdan en género y número con la cosa o persona poseída. Estas son sus formas:

	Singular		Plural		
	Masculino	**Femenino**	**Masculino**	**Femenino**	
Un poseedor	mío tuyo suyo	mía tuya suya	míos tuyos suyos	mías tuyas suyas	(yo) (tú) (él, ella, usted)
Varios poseedores	nuestro vuestro suyo	nuestra vuestra suya	nuestros vuestros suyos	nuestras vuestras suyas	(nosotros/as) (vosotros/as) (ellos, ellas, ustedes)

- Estos posesivos, a diferencia de los antepuestos *(mi, tu, su...)*, pueden acompañar al nombre o aparecer sin él cuando este es conocido. Este último es su uso más frecuente:

  ▶ *Es un **error tuyo**.*
  ▷ *¿**Mío**?*
  ▶ *Sí, **tuyo**.*

  *Ese es **mi bolso**. **El tuyo** está en el armario.*

Marcadores temporales: *antes, después, mientras, siempre* y *cuando*

Estos **marcadores temporales** son un recurso fundamental de la narración porque **relacionan dos acciones** y permiten saber en qué momento ocurre cada una de ellas.

- ***Antes*** se usa para indicar una acción que **precede** a otra u otras:

  *Juan ha llegado **antes**, luego he venido yo.*

- ***Después*** sirve para expresar **posterioridad**, equivale a ***más tarde, luego***:

  *Ayer comí y **después** me fui a clase.*

- ***Mientras*** se utiliza para hablar de acciones **simultáneas**:

  ***Mientras** cenábamos, vimos las noticias.*

- ***Siempre***, que significa 'en todo o cualquier tiempo', se usa para hablar de **hábitos**:

  ***Siempre** se duchaba antes de acostarse.*

- ***Cuando*** sirve para indicar el tiempo en el que **ocurre algo**:

  ***Cuando** nací, mi madre tenía 27 años.*

Recursos para introducir una anécdota y reaccionar (repaso)

Recursos para **introducir** una anécdota:

- ¿Sabes qué me pasó/ha pasado...?
- ¿A que no sabes qué me pasó/ha pasado...?

Mostrar **interés**:

- ¿Y qué pasó/ha pasado después?
- Sigue, sigue.../Cuenta, cuenta...

Expresar **sorpresa** o **incredulidad**:

- ¿Ah, sí?
- ¡No me lo puedo creer!
- ¡Qué me dices!
- ¿De verdad?

Unidad 7: Dentro de 50 años

Futuro simple

- El **futuro simple** se forma con el infinitivo y las siguientes terminaciones:

	Estudiar	Beber	Vivir
yo	estudiar**é**	beber**é**	vivir**é**
tú	estudiar**ás**	beber**ás**	vivir**ás**
él, ella, usted	estudiar**á**	beber**á**	vivir**á**
nosotros/as	estudiar**emos**	beber**emos**	vivir**emos**
vosotros/as	estudiar**éis**	beber**éis**	vivir**éis**
ellos, ellas, ustedes	estudiar**án**	beber**án**	vivir**án**

- En este tiempo verbal solo hay doce verbos irregulares:

caber › **cabré**	saber › **sabré**	valer › **valdré**
haber › **habré**	poner › **pondré**	venir › **vendré**
poder › **podré**	salir › **saldré**	decir › **diré**
querer › **querré**	tener › **tendré**	hacer › **haré**

- Utilizamos el **futuro simple** para hablar de **acciones** y **planes** que se van a realizar en el **futuro**:

  *La próxima semana **iré** a Santiago de Chile.*

- También sirve para hacer **predicciones** y para hacer **promesas** con ***te prometo/juro*** + ***que***:

  *El próximo verano **será** muy caluroso.* *__Te prometo que__ te **llamaré** lo antes posible.*

> Fíjate:
> Las terminaciones son las mismas para las tres conjugaciones, incluidos los verbos irregulares.

- Este tiempo se usa también para hacer **suposiciones** o **hipótesis** referidas al presente:

  ▶ *¿Por qué no ha venido Pedro?*
  ▷ *Es que está enfermo.* (Lo sé).
  ▶ *No sé; **estará** enfermo.* (Lo supongo).

En este caso, el futuro equivale al presente.

Marcadores temporales de futuro

Estos son algunos de los marcadores temporales de futuro más comunes:

- **esta** tarde/noche/semana
- la semana **próxima**
- **dentro de...**
- **este** mes/año
- el mes/año **próximo**
- **desde/a partir de...**
- **en...**
- la semana/el mes/el año **que viene**

El año que viene/próximo será un gran año.
Esta tarde iré al cine.
Este año compraremos un coche nuevo.
A partir de mañana estará de vacaciones.
Dentro de dos años viajaremos a África.
En agosto nos cambiaremos de piso.

Fíjate:
Con el demostrativo *(esta tarde, este mes)* podemos referirnos al pasado o al futuro:
*Esta tarde **iré** al cine.* *Esta tarde **he ido** al cine.*

Hablar del futuro

Además del futuro, recuerda que se pueden usar también estas otras estructuras para referirte a acciones que todavía no han sucedido:

- **Presente** de indicativo
  *Mañana **voy** a la universidad.*
- ***Ir*** + ***a*** + infinitivo
  *El mes que viene **voy a** viajar a París.*
- ***Pensar/Querer*** + infinitivo
  *A partir de mañana **quiero/pienso** cambiar mis hábitos de consumo.*

Con ***pensar/querer*** + infinitivo se expresa una **intención**, un **deseo**, y puede no producirse la acción.

La primera condicional

- Para hablar de acciones futuras que dependen de una **condición** se usa la estructura ***si*** + presente de indicativo + futuro simple:
  ***Si tengo** tiempo, te **llamaré**.*
- También es posible usar el presente de indicativo en la segunda parte de la frase para dar la idea de **inmediatez** o para expresar un **hábito** o **costumbre**:
  *Si tengo tiempo, te **llamo**, no te preocupes.* (Inmediatez).
  *Si salgo pronto del trabajo, **voy** al gimnasio.* (Hábito o costumbre).

Hacer predicciones

Seguramente
Probablemente
Posiblemente
Creo que
Me imagino que
Seguro que
Supongo que

\+ futuro simple

***Seguro que** en 50 años habrá menos enfermedades.*

Imperativo afirmativo y negativo

- **Imperativo afirmativo regular**:

	Hablar	Beber	Vivir
tú	habla	bebe	vive
usted	hable	beba	viva
vosotros/as	hablad	bebed	vivid
ustedes	hablen	beban	vivan

- El **imperativo afirmativo irregular** mantiene las irregularidades vocálicas del presente de indicativo:
  - e › ie: **pie**nsa, **pie**nse, pensad, **pie**nsen
  - o › ue: c**ue**lga, c**ue**lgue, colgad, c**ue**lguen
  - u › ue: **jue**ga, **jue**gue, jugad, **jue**guen
  - e › i: p**i**de, p**i**da, pedid, p**i**dan
  - i › y: hu**y**e, hu**y**a, huid, hu**y**an

- Otros irregulares:
  - **sé**, **sea**, sed, **sean**
  - **ten**, **tenga**, tened, **tengan**
  - **haz**, **haga**, haced, **hagan**
  - **pon**, **ponga**, poned, **pongan**
  - **sal**, **salga**, salid, **salgan**
  - **ven**, **venga**, venid, **vengan**
  - **ve**, **vaya**, id, **vayan**
  - **di**, **diga**, decid, **digan**
  - **oye**, **oiga**, oíd, **oigan**

- El **imperativo negativo** se forma a partir de la forma ***usted*** del afirmativo añadiendo ***-s*** para ***tú*** e ***-is*** para ***vosotros/as***:

	Hablar	Beber	Vivir
tú	no hables	no bebas	no vivas
usted	no hable	no beba	no viva
vosotros/as	no habléis	no bebáis	no viváis
ustedes	no hablen	no beban	no vivan

- El **imperativo negativo irregular** tiene, por regla general, las mismas irregularidades que la forma ***usted*** del imperativo afirmativo:

Empezar	Dormir	Pedir	Tener	Salir	Decir
no emp**ie**ces	no d**ue**rmas	no p**i**das	no **tengas**	no **salgas**	no **digas**
no emp**ie**ce	no d**ue**rma	no p**i**da	no **tenga**	no **salga**	no **diga**
no empecéis	no d**u**rmáis	no p**i**dáis	no **tengáis**	no **salgáis**	no **digáis**
no emp**ie**cen	no d**ue**rman	no p**i**dan	no **tengan**	no **salgan**	no **digan**

  – Los verbos en e › ie, o › ue son regulares en vosotros/as: *no empecéis, no volváis...*
  – Los verbos en e › ie terminados en ***-ir*** (***divertirse, sentir...***) cambian e › i en ***vosotros/as:*** *no pidáis, no sintáis...*
  – Los verbos ***dormir*** y ***morir*** cambian o › u en ***vosotros/as***: *durmáis, muráis.*

- Algunos verbos tanto regulares como irregulares cambian su ortografía para conservar el sonido del infinitivo, pero este cambio no se considera una irregularidad: *no apagues, practique, no cojas, realice...*

RAE

GRAMÁTICA

- En el español de América, tú y vos alternan en el imperativo negativo según las zonas geográficas: *(tú) no cantes/(vos) no cantés, (tú) no comas/(vos) no comás, (tú) no partas/(vos) no partás...*
- La forma voseante del imperativo negativo, tanto regular como irregular, se forma a partir de la persona *vosotros/as* del imperativo negativo que acabas de estudiar, suprimiendo la ***i*** de la terminación: *no cantéis* › *no cantés; no seáis* › *no seás; no tengáis* › *no tengás; no durmáis* › *no durmás...*

*No **empecés** vos ahora con tu melancolía, que bastante bien te va yendo en la vida.*

Imperativo y pronombres

- En el imperativo **afirmativo** los pronombres van después del verbo y forman una sola palabra con él ***(ábrela, levántese).***
  - Cuando hay dos pronombres, uno de objeto directo y otro de objeto indirecto, el orden es imperativo + pronombre de OI + pronombre de OD: *dímelo*.
  - Como ocurre con otras formas verbales, si el objeto indirecto es de tercera persona ***(le, les)*** y coincide con un objeto directo ***(lo, la, los, las), le, les*** se sustituyen por ***se***: *díselo*.
  - Con el pronombre ***os***, la ***-d*** del imperativo afirmativo de 2.ª persona del plural desaparece:
    Lava~~d~~os las manos. › *Lava**os** las manos.*
- En el imperativo **negativo** los pronombres se colocan delante del verbo, igual que ocurre con otros tiempos verbales:
  *No **lo** comas.* *No **os** acostéis tan tarde.* *No **se lo** deis.*

Expresar obligación y posibilidad o capacidad

- Para expresar **obligación** se utilizan las siguientes estructuras:
  - ***Deber*** + infinitivo
    *El título de un anuncio **debe** ser breve y conciso.*
  - ***Tener que*** + infinitivo
    *Los anuncios **tienen que** tener un diseño llamativo y un* banner *muy visual.*
- Para expresar posibilidad se usa ***poder*** + infinitivo:
  *Con internet se **puede** llegar a un mayor número de personas por poco dinero.*

Dar consejos, instrucciones y órdenes

- Para dar **consejos** e **instrucciones** es muy frecuente el uso del imperativo:
  Leed *bien los enunciados del examen antes de contestar. Así evitaréis errores.*
  Disfrutad. *¡Estáis de vacaciones!*
  Sigue *recto y **coge** el metro en plaza de España.*
- Para dar **órdenes** se usa el imperativo en situaciones familiares o donde hay confianza. También se puede usar en otros contextos, pero acompañado de palabras como ***por favor, si no te importa, si no es molestia***, etc., para no ser descorteses:
  No entres *en la cocina. El suelo está mojado.*
  *Mario, **por favor, si no te importa, tráeme** el informe del Sr. Ávalos.*
- En las órdenes generales y letreros dirigidos a un interlocutor desconocido, también puede usarse el imperativo:
  Conduzca *con precaución.*
  Tengan *cuidado con el escalón.*

Pedir permiso y formular peticiones

Para **pedir permiso** y **formular peticiones**, puedes usar:

- *¿**Poder*** + infinitivo?
  *¿**Puedo** pasar?*
  *¿**Podemos** salir antes del trabajo?*
- Imperativo
  Ayúdame *a terminar este trabajo, por favor.*
  Comprad *el pan antes de volver a casa.*

Conceder permiso

Para **conceder permiso** y **responder afirmativamente** a una petición, puedes usar:

- ***Sí, sí,/Claro que sí,/Desde luego,/Por supuesto,*** + imperativo
  ▶ *¿Puedo entrar?* ▷ ***Por supuesto**, pasa.*
- Imperativo **repetido**
  *Sí, **pasa, pasa**.*

Presente de subjuntivo regular e irregular

El **presente de subjuntivo regular** tiene las siguientes terminaciones:

	Trabajar	Comer	Escribir
yo	trabaj**e**	com**a**	escrib**a**
tú	trabaj**es**	com**as**	escrib**as**
él, ella, usted	trabaj**e**	com**a**	escrib**a**
nosotros/as	trabaj**emos**	com**amos**	escrib**amos**
vosotros/as	trabaj**éis**	com**áis**	escrib**áis**
ellos, ellas, ustedes	trabaj**en**	com**an**	escrib**an**

Fíjate:
- Los verbos en *-er* e *-ir* tienen las mismas terminaciones.

- Las formas irregulares en presente de subjuntivo se construyen a partir de las formas irregulares en presente de indicativo con algunos cambios.
- Verbos con **irregularidad vocálica**:

e › ie Pensar	o › ue Encontrar	e › i Pedir
p**ie**nse	enc**ue**ntre	p**i**da
p**ie**nses	enc**ue**ntres	p**i**das
p**ie**nse	enc**ue**ntre	p**i**da
pensemos	encontremos	p**i**damos
penséis	encontréis	p**i**dáis
p**ie**nsen	enc**ue**ntren	p**i**dan

Fíjate:
- Los verbos que cambian *e* › *i* son irregulares en **todas las personas** en presente de subjuntivo.
- Los verbos *morir* y *dormir*, además del cambio *o* › *ue*, cambian *o* › *u* en las personas *nosotros/as* y *vosotros/as*: *d**u**rmamos, d**u**rmáis; m**u**ramos, m**u**ráis.*

- Los verbos que tienen irregular la **persona *yo*** del presente de indicativo también son irregulares en presente de subjuntivo, pero en todas las personas: hacer › **hago** › **haga, hagas, haga, hagamos, hagáis, hagan**.
  - Otros verbos: construir › **construya**; poner › **ponga**; caer › **caiga**; conducir › **conduzca**...
- Algunos verbos tienen una **irregularidad propia** en este tiempo:

Estar › **esté, estés, esté, estemos, estéis, estén**
Haber › **haya, hayas, haya, hayamos, hayáis, hayan**
Saber › **sepa, sepas, sepa, sepamos, sepáis, sepan**
Ser › **sea, seas, sea, seamos, seáis, sean**
Ir › **vaya, vayas, vaya, vayamos, vayáis, vayan**
Ver › **vea, veas, vea, veamos, veáis, vean**

Fíjate:
Hay formas verbales, tanto regulares como irregulares, que sufren cambios ortográficos para conservar el sonido del verbo en infinitivo: *se**gu**ir* › *si**g**a; co**c**er* › *cue**z**a; reco**g**er* › *reco**j**a; bus**c**ar* › *bus**qu**e...*

Usos básicos del subjuntivo

- El subjuntivo se usa en estructuras que sirven para:
  - Dar **consejos** y hacer **recomendaciones**: *Te aconsejo que **veas** esa película.*
  - Expresar **permiso** y **prohibición**: *Te prohíbo que **salgas** de casa.*
  - Expresar **deseos** y hacer **peticiones**: *Espero que mañana **haga** mejor tiempo.*
    *Quiero que **vayamos** a la sierra este fin de semana.*
- En los verbos que expresan consejo, recomendación, prohibición o permiso hay dos estructuras que se usan indistintamente:
  *Te aconsejo **que vayas** al médico. = Te aconsejo **ir** al médico.*
  *Os prohíbo **que salgáis** de noche. = Os prohíbo **salir** de noche.*
- En los verbos que expresan deseos o peticiones, si el sujeto del verbo principal es el mismo que el del segundo verbo, se usa infinitivo:
  Quiero (yo) ***que vayamos*** (nosotros) *a la sierra.* *Quiero* (yo) ***ir*** (yo) *a la sierra.*

Expresar hipótesis o probabilidad

- Quizá(s)
  *Juan no ha llegado aún; **quizá** se ha dormido.*
- Es probable/posible
  ▶ *Esta tarde va a llover.*
  ▷ *Sí, **es probable**.*
- Puede ser
  ▶ *¿Irás luego a la biblioteca?*
  ▷ *Sí, **puede ser**.*

Organizar el discurso

Recuerda que estas palabras y expresiones ayudan a organizar los argumentos y las acciones que dan forma a un discurso:

- **Introducir** un primer argumento: ***para empezar, en primer lugar, antes de nada...***
- **Añadir** argumentos: ***por otro lado, también, tampoco, además...***
- **Concluir** la argumentación: ***por último, para terminar, en último lugar...***

Unidad 10: Rebobinamos

Usos de pretérito perfecto, pretérito indefinido y pretérito imperfecto (repaso)

- Usamos el **pretérito perfecto** para:
  - Hablar de **acciones terminadas** en un **tiempo aún no terminado** o que percibimos como presente:
    ***Esta semana he ido** a la playa.*
    ***Hoy he tenido** un mal día.*
  - Hablar de una **experiencia** en general, sin una idea de tiempo:
    ***¿Has estado alguna vez** en Argentina?*
    ***Nunca he comido** paella.*
- Usamos el **pretérito indefinido** para:
  - Expresar **acciones terminadas** en un **tiempo pasado** que no tiene relación con el presente:
    ***El año pasado viajé** a México.*
  - Dar información sobre la **vida** de una persona:
    *Ana **nació** en Sevilla en 2005.*
  - Hablar de **hechos históricos** y acontecimientos del pasado:
    ***La guerra civil española terminó** en el año 1939.*
- Usamos el **pretérito imperfecto** para:
  - **Describir** en pasado:
    *La casa **era** muy **bonita** y **tenía un jardín** muy grande con piscina.*
  - Hablar de **acciones habituales** en el pasado:
    ***Iba** al gimnasio **todos los días** y después **quedaba** con mis amigos.*
  - Referirnos a una **acción** no terminada, **durativa**, en el momento en que otra sucede:
    ***Hablaba** con María cuando **sonó** el teléfono.*

Contraste pretérito perfecto/pretérito indefinido/pretérito imperfecto (repaso)

- Los **pretéritos perfecto e indefinido** expresan **acciones terminadas**. El perfecto lo hace en relación con el presente y el indefinido, con el pasado. Usamos estos tiempos para la **narración**.
- El **pretérito imperfecto** presenta la acción en un tiempo pasado, pero sin especificar su comienzo o su final. Por eso el imperfecto es el tiempo que usamos para la **descripción**, para hablar de las **circunstancias** que rodean los hechos. Puede usarse junto al perfecto o al indefinido:

  *Hoy **he comido** unas croquetas que **estaban** buenísimas.*
  *Ayer **comí** unas croquetas que **estaban** buenísimas.*

Marcadores temporales: *antes, después, mientras, siempre* y *cuando* (repaso)

- Recuerda que estos **marcadores temporales** son un recurso fundamental de la narración porque permiten **relacionar las acciones** y saber en qué momento ocurre cada acción:

  *Juan ha llegado **antes**, luego he venido yo.*
  *Ayer comí y **después** me fui a clase.*
  ***Mientras** cenábamos, vimos las noticias.*
  ***Siempre** se duchaba antes de acostarse.*
  ***Cuando** nací, mi madre tenía 27 años.*

Contar una anécdota (repaso)

- Una anécdota es un **relato breve** sobre algún acontecimiento **curioso** o **divertido**.
- En la conversación es frecuente introducir la anécdota con expresiones como:
  - **¿Sabes lo que me pasó** ayer/el lunes/el otro día/cuando llegué a...?
  - **Te voy a contar una cosa** que me pasó ayer/el lunes/el otro día/cuando llegué a...
  - **Pues resulta que** ayer/el lunes/el otro día/cuando llegué a...
- El interlocutor contesta con:
  - **¿Qué te pasó?**
  - **Cuenta, cuenta.**
- Y reacciona a lo largo del relato con expresiones como:
  - **¡Qué bien/mal/(buena) suerte/mala suerte...!**
  - **¡No me digas!**
  - **¡Es increíble!**

> Recuerda que en español es necesario ir reaccionando ante lo que narra el interlocutor. El silencio absoluto se interpreta como falta de interés.

Tabla de verbos

Presente de indicativo

Verbos regulares

1.ª conjugación -AR CANTAR	2.ª conjugación -ER COMER	3.ª conjugación -IR VIVIR
canto	como	vivo
cantas	comes	vives
canta	come	vive
cantamos	comemos	vivimos
cantáis	coméis	vivís
cantan	comen	viven

Verbos reflexivos regulares

Bañarse	Ducharse	Lavarse	Levantarse	Peinarse
me baño	**me** ducho	**me** lavo	**me** levanto	**me** peino
te bañas	**te** duchas	**te** lavas	**te** levantas	**te** peinas
se baña	**se** ducha	**se** lava	**se** levanta	**se** peina
nos bañamos	**nos** duchamos	**nos** lavamos	**nos** levantamos	**nos** peinamos
os bañáis	**os** ducháis	**os** laváis	**os** levantáis	**os** peináis
se bañan	**se** duchan	**se** lavan	**se** levantan	**se** peinan

Verbos irregulares

Verbos con irregularidad vocálica

- **E › IE**

Cerrar	Comenzar	Despertarse	Divertirse	Empezar
c**ie**rro	com**ie**nzo	me desp**ie**rto	me div**ie**rto	emp**ie**zo
c**ie**rras	com**ie**nzas	te desp**ie**rtas	te div**ie**rtes	emp**ie**zas
c**ie**rra	com**ie**nza	se desp**ie**rta	se div**ie**rte	emp**ie**za
cerramos	comenzamos	nos despertamos	nos divertimos	empezamos
cerráis	comenzáis	os despertáis	os divertís	empezáis
c**ie**rran	com**ie**nzan	se desp**ie**rtan	se div**ie**rten	emp**ie**zan

Entender	Merendar	Pensar	Perder	Querer
ent**ie**ndo	mer**ie**ndo	p**ie**nso	p**ie**rdo	qu**ie**ro
ent**ie**ndes	mer**ie**ndas	p**ie**nsas	p**ie**rdes	qu**ie**res
ent**ie**nde	mer**ie**nda	p**ie**nsa	p**ie**rde	qu**ie**re
entendemos	merendamos	pensamos	perdemos	queremos
entendéis	merendáis	pensáis	perdéis	queréis
ent**ie**nden	mer**ie**ndan	p**ie**nsan	p**ie**rden	qu**ie**ren

• **O › UE**

Acordarse	Acostarse	Almorzar	Contar	Dormir	Encontrar
me acuerdo	me acuesto	almuerzo	cuento	duermo	encuentro
te acuerdas	te acuestas	almuerzas	cuentas	duermes	encuentras
se acuerda	se acuesta	almuerza	cuenta	duerme	encuentra
nos acordamos	nos acostamos	almorzamos	contamos	dormimos	encontramos
os acordáis	os acostáis	almorzáis	contáis	dormís	encontráis
se acuerdan	se acuestan	almuerzan	cuentan	duermen	encuentran

Poder	Recordar	Resolver	Soler	Soñar	Volver
puedo	recuerdo	resuelvo	suelo	sueño	vuelvo
puedes	recuerdas	resuelves	sueles	sueñas	vuelves
puede	recuerda	resuelve	suele	sueña	vuelve
podemos	recordamos	resolvemos	solemos	soñamos	volvemos
podéis	recordáis	resolvéis	soléis	soñáis	volvéis
pueden	recuerdan	resuelven	suelen	sueñan	vuelven

• **E › I**

Elegir	Pedir	Reírse	Repetir	Servir	Vestirse
elijo	pido	me río	repito	sirvo	me visto
eliges	pides	te ríes	repites	sirves	te vistes
elige	pide	se ríe	repite	sirve	se viste
elegimos	pedimos	nos reímos	repetimos	servimos	nos vestimos
elegís	pedís	os reís	repetís	servís	os vestís
eligen	piden	se ríen	repiten	sirven	se visten

• **U › UE**

Jugar
juego
juegas
juega
jugamos
jugáis
juegan

• **I › Y**

Concluir	Construir	Contribuir	Destruir	Huir
concluyo	construyo	contribuyo	destruyo	huyo
concluyes	construyes	contribuyes	destruyes	huyes
concluye	construye	contribuye	destruye	huye
concluimos	construimos	contribuimos	destruimos	huimos
concluís	construís	contribuís	destruís	huis
concluyen	construyen	contribuyen	destruyen	huyen

Verbos irregulares en la primera persona

- **Verbos en -ZC-**

Conducir	Conocer	Obedecer	Producir	Traducir
condu**zc**o	cono**zc**o	obede**zc**o	produ**zc**o	tradu**zc**o
conduces	conoces	obedeces	produces	traduces
conduce	conoce	obedece	produce	traduce
conducimos	conocemos	obedecemos	producimos	traducimos
conducís	conocéis	obedecéis	producís	traducís
conducen	conocen	obedecen	producen	traducen

Otros verbos irregulares en la primera persona

Caer	Dar	Hacer	Poner	Saber	Salir
caigo	**doy**	**hago**	**pongo**	**sé**	**salgo**
caes	das	haces	pones	sabes	sales
cae	da	hace	pone	sabe	sale
caemos	damos	hacemos	ponemos	sabemos	salimos
caéis	dais	hacéis	ponéis	sabéis	salís
caen	dan	hacen	ponen	saben	salen

Traer	Valer	Ver
traigo	**valgo**	**veo**
traes	vales	ves
trae	vale	ve
traemos	valemos	vemos
traéis	valéis	veis
traen	valen	ven

Verbos con dos irregularidades

Decir	Oír	Oler	Tener	Venir
digo	**oigo**	**huel**o	**tengo**	**vengo**
d**i**ces	o**y**es	**huel**es	t**ie**nes	v**ie**nes
d**i**ce	o**y**e	**huel**e	t**ie**ne	v**ie**ne
decimos	oímos	olemos	tenemos	venimos
decís	oís	oléis	tenéis	venís
d**i**cen	o**y**en	**huel**en	t**ie**nen	v**ie**nen

Verbos con irregularidades propias

Estar	Haber	Ir	Ser
estoy	**he**	**voy**	**soy**
estás	**has**	**vas**	**eres**
está	**ha**	**va**	**es**
estamos	**hemos**	**vamos**	**somos**
estáis	habéis	**vais**	**sois**
están	**han**	**van**	**son**

Recuerda:

- El verbo ***haber*** se usa principalmente para formar los tiempos compuestos de los verbos.
- Cuando funciona como verbo impersonal, tiene una forma especial en presente, ***hay***:

  Hay *un árbol en la esquina.*

  Había *árboles en el parque.*
- El verbo ***estar*** cambia la sílaba tónica habitual del presente de indicativo en todas las personas excepto en *nosotros/as* y *vosotros/as* (por eso algunas formas llevan tilde).

Verbos que se construyen como *gustar*

Doler	Encantar	Molestar	Parecer
me **due**le/**due**len	me encanta/encantan	me molesta/molestan	me parece/parecen
te **due**le/**due**len	te encanta/encantan	te molesta/molestan	te parece/parecen
le **due**le/**due**len	le encanta/encantan	le molesta/molestan	le parece/parecen
nos **due**le/**due**len	nos encanta/encantan	nos molesta/molestan	nos parece/parecen
os **due**le/**due**len	os encanta/encantan	os molesta/molestan	os parece/parecen
les **due**le/**due**len	les encanta/encantan	les molesta/molestan	les parece/parecen

Imperativo afirmativo

Verbos regulares

	1.ª conjugación -AR CANTAR	2.ª conjugación -ER COMER	3.ª conjugación -IR VIVIR
tú	canta	come	vive
usted	cante	coma	viva
vosotros/as	cantad	comed	vivid
ustedes	canten	coman	vivan

Verbos irregulares

Irregularidades vocálicas

- **E > IE**

Cerrar	Empezar	Pensar
c**ie**rra	emp**ie**za	p**ie**nsa
c**ie**rre	emp**ie**ce	p**ie**nse
cerrad	empezad	pensad
c**ie**rren	emp**ie**cen	p**ie**nsen

- **O > UE**

Contar	Dormir	Volver
c**ue**nta	d**ue**rme	v**ue**lve
c**ue**nte	d**ue**rma	v**ue**lva
contad	dormid	volved
c**ue**nten	d**ue**rman	v**ue**lvan

• U › UE

Jugar
juega
juegue
jugad
jueguen

• E › I

Elegir	Pedir	Vestir
elige	pide	viste
elija	pida	vista
elegid	pedid	vestid
elijan	pidan	vistan

• I › Y

Construir	Huir
construye	huye
construya	huya
construid	huid
construyan	huyan

Verbos completamente irregulares

Decir	Hacer	Ir	Oír	Poner	Salir	Ser	Tener	Venir
di	**haz**	**ve**	**oye**	**pon**	**sal**	**sé**	**ten**	**ven**
diga	**haga**	**vaya**	**oiga**	**ponga**	**salga**	**sea**	**tenga**	**venga**
decid	haced	id	oíd	poned	salid	sed	tened	venid
digan	**hagan**	**vayan**	**oigan**	**pongan**	**salgan**	**sean**	**tengan**	**vengan**

La segunda persona del plural *(vosotros/as)* del imperativo es siempre regular.

Verbos reflexivos

Acostarse	Despertarse	Dormirse	Levantarse	Reírse	Vestirse
acuéstate	despiértate	duérmete	levántate	ríete	vístete
acuéstese	despiértese	duérmase	levántese	ríase	vístase
acostaos	despertaos	dormíos	levantaos	reíos	vestíos
acuéstense	despiértense	duérmanse	levántense	ríanse	vístanse

Pretérito perfecto de indicativo

Verbos regulares

1.ª conjugación -AR CANTAR	2.ª conjugación -ER COMER	3.ª conjugación -IR VIVIR
he cantado	**he** comido	**he** vivido
has cantado	**has** comido	**has** vivido
ha cantado	**ha** comido	**ha** vivido
hemos cantado	**hemos** comido	**hemos** vivido
habéis cantado	**habéis** comido	**habéis** vivido
han cantado	**han** comido	**han** vivido

Participios irregulares

abrir › **abierto**	escribir › **escrito**	poner › **puesto**	romper › **roto**
cubrir › **cubierto**	hacer › **hecho**	prever › **previsto**	satisfacer › **satisfecho**
decir › **dicho**	imprimir › **impreso, imprimido**	resolver › **resuelto**	ver › **visto**
descubrir › **descubierto**	morir › **muerto**	revolver › **revuelto**	volver › **vuelto**

Pretérito indefinido

Verbos regulares

1.ª conjugación -AR CANTAR	2.ª conjugación -ER COMER	3.ª conjugación -IR VIVIR
canté	comí	viví
cantaste	comiste	viviste
cantó	comió	vivió
cantamos	comimos	vivimos
cantasteis	comisteis	vivisteis
cantaron	comieron	vivieron

Verbos con cambios gráficos

• C › QU • G › GU • Z › C

Buscar	Pescar	Jugar	Pegar	Comenzar	Empezar
bus**qué**	pes**qué**	ju**gu**é	pe**gu**é	comen**c**é	empe**c**é
buscaste	pescaste	jugaste	pegaste	comenzaste	empezaste
buscó	pescó	jugó	pegó	comenzó	empezó
buscamos	pescamos	jugamos	pegamos	comenzamos	empezamos
buscasteis	pescasteis	jugasteis	pegasteis	comenzasteis	empezasteis
buscaron	pescaron	jugaron	pegaron	comenzaron	empezaron

Verbos irregulares

Verbos irregulares en la raíz verbal

Andar	Caber	Estar	Haber	Hacer	Poder
anduve	**cupe**	**estuve**	**hube**	**hice**	**pude**
anduviste	**cupiste**	**estuviste**	**hubiste**	**hiciste**	**pudiste**
anduvo	**cupo**	**estuvo**	**hubo**	**hizo**	**pudo**
anduvimos	**cupimos**	**estuvimos**	**hubimos**	**hicimos**	**pudimos**
anduvisteis	**cupisteis**	**estuvisteis**	**hubisteis**	**hicisteis**	**pudisteis**
anduvieron	**cupieron**	**estuvieron**	**hubieron**	**hicieron**	**pudieron**

Poner	Querer	Saber	Tener	Venir
puse	**quise**	**supe**	**tuve**	**vine**
pusiste	**quisiste**	**supiste**	**tuviste**	**viniste**
puso	**quiso**	**supo**	**tuvo**	**vino**
pusimos	**quisimos**	**supimos**	**tuvimos**	**vinimos**
pusisteis	**quisisteis**	**supisteis**	**tuvisteis**	**vinisteis**
pusieron	**quisieron**	**supieron**	**tuvieron**	**vinieron**

Fíjate:
En este grupo de verbos también cambia el acento habitual del pretérito indefinido:
~~quisé~~ › quise
~~tuvó~~ › tuvo

Los verbos que tienen *j* en la raíz verbal pierden la *i* en la tercera persona del plural:

Conducir	Decir	Traducir	Traer
conduje	**dije**	**traduje**	**traje**
condujiste	**dijiste**	**tradujiste**	**trajiste**
condujo	**dijo**	**tradujo**	**trajo**
condujimos	**dijimos**	**tradujimos**	**trajimos**
condujisteis	**dijisteis**	**tradujisteis**	**trajisteis**
condujeron	**dijeron**	**tradujeron**	**trajeron**

Verbos irregulares en la tercera persona

- **E > I**

Divertirse	Elegir	Impedir	Medir	Mentir	Pedir
me divertí	elegí	impedí	medí	mentí	pedí
te divertiste	elegiste	impediste	mediste	mentiste	pediste
se divirtió	eligió	impidió	midió	mintió	pidió
nos divertimos	elegimos	impedimos	medimos	mentimos	pedimos
os divertisteis	elegisteis	impedisteis	medisteis	mentisteis	pedisteis
se divirtieron	eligieron	impidieron	midieron	mintieron	pidieron

Reír	Repetir	Seguir	Sentir	Servir	Sonreír
reí	repetí	seguí	sentí	serví	sonreí
reíste	repetiste	seguiste	sentiste	serviste	sonreíste
rio	repitió	siguió	sintió	sirvió	sonrió
reímos	repetimos	seguimos	sentimos	servimos	sonreímos
reísteis	repetisteis	seguisteis	sentisteis	servisteis	sonreísteis
rieron	repitieron	siguieron	sintieron	sirvieron	sonrieron

Fíjate:
Todos los verbos de este grupo son de la tercera conjugación *(-ir)*.

- **O > U**

Dormir	Morir
dormí	morí
dormiste	moriste
durmió	murió
dormimos	morimos
dormisteis	moristeis
durmieron	murieron

Fíjate:
Esta irregularidad solo la tienen los verbos *dormir* y *morir*.

- **I > Y**

Caer	Concluir	Construir	Contribuir	Creer
caí	concluí	construí	contribuí	creí
caíste	concluiste	construiste	contribuiste	creíste
ca**y**ó	conclu**y**ó	constru**y**ó	contribu**y**ó	cre**y**ó
caímos	concluimos	construimos	contribuimos	creímos
caísteis	concluisteis	construisteis	contribuisteis	creísteis
ca**y**eron	conclu**y**eron	constru**y**eron	contribu**y**eron	cre**y**eron

Destruir	Huir	Leer	Oír	Sustituir
destruí	hui	leí	oí	sustituí
destruiste	huiste	leíste	oíste	sustituiste
destru**y**ó	hu**y**ó	le**y**ó	o**y**ó	sustitu**y**ó
destruimos	huimos	leímos	oímos	sustituimos
destruisteis	huisteis	leísteis	oísteis	sustituisteis
destru**y**eron	hu**y**eron	le**y**eron	o**y**eron	sustitu**y**eron

Verbos con irregularidades propias

Dar	Ir/Ser
di	**fui**
diste	**fuiste**
dio	**fue**
dimos	**fuimos**
disteis	**fuisteis**
dieron	**fueron**

> Recuerda:
> Las formas de los verbos *ir* y *ser* coinciden en pretérito indefinido. Solo se distinguen por el contexto en que aparecen.

Pretérito imperfecto de indicativo

Verbos regulares

1.ª conjugación -AR CANTAR	2.ª conjugación -ER COMER	3.ª conjugación -IR VIVIR
cantaba	comía	vivía
cantabas	comías	vivías
cantaba	comía	vivía
cantábamos	comíamos	vivíamos
cantabais	comíais	vivíais
cantaban	comían	vivían

Verbos irregulares

Ser	Ir	Ver
era	iba	veía
eras	ibas	veías
era	iba	veía
éramos	íbamos	veíamos
erais	ibais	veíais
eran	iban	veían

Futuro simple de indicativo

Verbos regulares

1.ª conjugación -AR CANTAR	2.ª conjugación -ER COMER	3.ª conjugación -IR VIVIR
cantaré	comeré	viviré
cantarás	comerás	vivirás
cantará	comerá	vivirá
cantaremos	comeremos	viviremos
cantaréis	comeréis	viviréis
cantarán	comerán	vivirán

Verbos irregulares

Caber	Decir	Haber	Hacer	Poder	Poner
cabré	diré	habré	haré	podré	pondré
cabrás	dirás	habrás	harás	podrás	pondrás
cabrá	dirá	habrá	hará	podrá	pondrá
cabremos	diremos	habremos	haremos	podremos	pondremos
cabréis	diréis	habréis	haréis	podréis	pondréis
cabrán	dirán	habrán	harán	podrán	pondrán

Querer	Saber	Salir	Tener	Valer	Venir
querré	sabré	saldré	tendré	valdré	vendré
querrás	sabrás	saldrás	tendrás	valdrás	vendrás
querrá	sabrá	saldrá	tendrá	valdrá	vendrá
querremos	sabremos	saldremos	tendremos	valdremos	vendremos
querréis	sabréis	saldréis	tendréis	valdréis	vendréis
querrán	sabrán	saldrán	tendrán	valdrán	vendrán

Presente de subjuntivo

Verbos regulares

1.ª conjugación -AR CANTAR	2.ª conjugación -ER COMER	3.ª conjugación -IR VIVIR
cante	coma	viva
cantes	comas	vivas
cante	coma	viva
cantemos	comamos	vivamos
cantéis	comáis	viváis
canten	coman	vivan

Verbos irregulares

Irregularidades vocálicas

- **E > IE (verbos en -AR y -ER)**

Comenzar	Otros verbos
comience	calentar, cerrar, despertarse, negar, pensar...
comiences	
comience	
comencemos	
comencéis	
comiencen	

Entender	Otros verbos
entienda	encender, perder, querer, tender...
entiendas	
entienda	
entendamos	
entendáis	
entiendan	

- **E > IE + E > I (verbos en -IR)**

Mentir	Otros verbos
mienta	convertir, divertirse, herir, invertir, sentir, sugerir...
mientas	
mienta	
mintamos	
mintáis	
mientan	

- **O > UE (verbos en -AR y -ER)**

Soñar	Poder	Otros verbos
sueñe	pueda	acordarse, acostarse, contar, soler, volver...
sueñes	puedas	
sueñe	pueda	
soñemos	podamos	
soñéis	podáis	
sueñen	puedan	

- **O > UE + O > U**

Dormir	Otros verbos
duerma	morir
duermas	
duerma	
durmamos	
durmáis	
duerman	

- **U > UE**

Jugar
juegue
juegues
juegue
juguemos
juguéis
jueguen

- **E > I**

Pedir	Otros verbos
pida	elegir, reírse, repetir, servir, vestirse...
pidas	
pida	
pidamos	
pidáis	
pidan	

- **I > Y**

Construir	Otros verbos
construya	concluir, contribuir, destruir, huir...
construyas	
construya	
construyamos	
construyáis	
construyan	

Verbos con la primera persona irregular en presente de indicativo

• **Verbos en -ZC-** ***(conduzco, conozco, obedezco, produzco, traduzco)***

Conducir	Conocer	Obedecer	Producir	Traducir
condu**zc**a	cono**zc**a	obede**zc**a	produ**zc**a	tradu**zc**a
condu**zc**as	cono**zc**as	obede**zc**as	produ**zc**as	tradu**zc**as
condu**zc**a	cono**zc**a	obede**zc**a	produ**zc**a	tradu**zc**a
condu**zc**amos	cono**zc**amos	obede**zc**amos	produ**zc**amos	tradu**zc**amos
condu**zc**áis	cono**zc**áis	obede**zc**áis	produ**zc**áis	tradu**zc**áis
condu**zc**an	cono**zc**an	obede**zc**an	produ**zc**an	tradu**zc**an

Otros verbos

agradecer, crecer, desaparecer, nacer, ofrecer, parecer, reducir...

• **Otros verbos irregulares en la primera persona** ***(caigo, digo, hago, oigo, pongo, salgo, tengo, traigo, valgo, vengo)***

Caer	Decir	Hacer	Oír	Poner
caiga	**diga**	**haga**	**oiga**	**ponga**
caigas	**digas**	**hagas**	**oigas**	**pongas**
caiga	**diga**	**haga**	**oiga**	**ponga**
caigamos	**digamos**	**hagamos**	**oigamos**	**pongamos**
caigáis	**digáis**	**hagáis**	**oigáis**	**pongáis**
caigan	**digan**	**hagan**	**oigan**	**pongan**

Salir	Tener	Traer	Valer	Venir
salga	**tenga**	**traiga**	**valga**	**venga**
salgas	**tengas**	**traigas**	**valgas**	**vengas**
salga	**tenga**	**traiga**	**valga**	**venga**
salgamos	**tengamos**	**traigamos**	**valgamos**	**vengamos**
salgáis	**tengáis**	**traigáis**	**valgáis**	**vengáis**
salgan	**tengan**	**traigan**	**valgan**	**vengan**

Verbos con irregularidades propias

Haber	Ir	Saber	Ser	Ver
haya	**vaya**	**sepa**	**sea**	**vea**
hayas	**vayas**	**sepas**	**seas**	**veas**
haya	**vaya**	**sepa**	**sea**	**vea**
hayamos	**vayamos**	**sepamos**	**seamos**	**veamos**
hayáis	**vayáis**	**sepáis**	**seáis**	**veáis**
hayan	**vayan**	**sepan**	**sean**	**vean**

Verbos con cambios gráficos

• G › J	• C › Z	• Z › C	• GU › G	• G › GU	• C › QU
Coger	**Convencer**	**Cazar**	**Distinguir**	**Investigar**	**Tocar**
co**j**a	conven**z**a	ca**c**e	distin**g**a	investi**gu**e	to**qu**e
co**j**as	conven**z**as	ca**c**es	distin**g**as	investi**gu**es	to**qu**es
co**j**a	conven**z**a	ca**c**e	distin**g**a	investi**gu**e	to**qu**e
co**j**amos	conven**z**amos	ca**c**emos	distin**g**amos	investi**gu**emos	to**qu**emos
co**j**áis	conven**z**áis	ca**c**éis	distin**g**áis	investi**gu**éis	to**qu**éis
co**j**an	conven**z**an	ca**c**en	distin**g**an	investi**gu**en	to**qu**en

Dar
dé
des
dé
demos
deis
den

Fíjate:
El verbo *dar* lleva una tilde diacrítica en la primera y tercera personas del singular para que no se confunda con la preposición *de*.

Estar
est**é**
est**é**s
est**é**
estemos
estéis
est**é**n

Fíjate:
El verbo *estar* cambia la sílaba tónica habitual del presente de subjuntivo en todas las personas del singular y en la tercera del plural.

Claves

Unidad 1: ¡Qué divertido!

1. **1.** a videojuegos, al tenis; **2.** una excursión; **3.** un paseo; **4.** al cine, al gimnasio; **5.** un periódico; **6.** excursión, paseo, compras.

2. **1.** A; **2.** B; **3.** D; **4.** G; **5.** E; **6.** I; **7.** H; **8.** C; **9.** F.

2a. Son actividades de ocio porque las hacemos en el tiempo libre para divertirnos. No pertenece al grupo la actividad 5E porque es una obligación y no se hace por diversión.

3 y **3a.** **a.** 1; **b.** 5; **c.** 2; **d.** 4; **e.** 6; **f.** 3.

3b. **1.** V; **2.** F; **3.** V; **4.** F; **5.** F; **6.** V; **7.** F; **8.** F; **9.** V; **10.** F.

4. 2, 4, 6, 7, 8.

5. **1.** soñar, tú, irregular o > ue; **2.** construir, ellos/ellas, ustedes, irregular i > y; **3.** servir, ellos/ellas, ustedes, e > i; **4.** aprender, nosotros/as, regular; **5.** medir, tú, e > i; **6.** pedir, él/ella, usted, e > i; **7.** invitar, vosotros/as, regular; **8.** morder, ellos/ellas, ustedes, o > ue; **9.** venir, él/ella, usted, doble irregularidad; **10.** comenzar, yo, e > ie; **11.** salir, él/ella, usted, primera persona irregular; **12.** continuar, yo, regular; **13.** seguir, tú, e > i; **14.** elegir, yo, e > i; **15.** producir, yo, c > zc.

6. **1.** pide; **2.** se visten; **3.** cuenta; **4.** queremos; **5.** oye; **6.** vale; **7.** comienzan; **8.** se divierten; **9.** viene; **10.** dice.

7. **1.** pido, prefieres; **2.** salgo, tengo; **3.** puedes, entiendo; **4.** vuelvo, quiero; **5.** construye, dice; **6.** viene, dices.

8. **1.** donde; **2.** que; **3.** que; **4.** donde; **5.** donde; **6.** que.

9. **1.** Vivo en una ciudad que es muy grande./La ciudad donde vivo es muy grande; **2.** Estoy leyendo un libro que es muy interesante./El libro que estoy leyendo es muy interesante; **3.** Tengo un amigo que habla japonés; **4.** En la calle hay dos chicas que preguntan por ti; **5.** Laura trabaja en una empresa que está en el centro./La empresa donde trabaja Laura está en el centro; **6.** He comprado un armario donde caben muchísimas cosas; **7.** Juan tiene unos videojuegos que son muy divertidos./Los videojuegos que tiene Juan son muy divertidos; **8.** Hoy he visto a la chica que me presentaste ayer.

10. **1.** por eso; **2.** primero, después; **3.** por ejemplo; **4.** Finalmente.

11. **1.** a, C; **2.** a, D; **3.** c, E; **4.** c, H; **5.** a, A; **6.** a, G; **7.** b, B; **8.** a, F.

12. **1.** ¿Con qué frecuencia vas al gimnasio?; **2.** Para mí, las vacaciones son para descansar; **3.** Una videoconsola es un dispositivo que sirve para jugar a videojuegos; **4.** Tengo un hermano que habla chino; **5.** Todo el mundo piensa que tú eres extranjero; **6.** Antes de acostarme siempre bebo agua.

13. **1.** b, d, f; **2.** b, f; **3.** a, f.

14. **1.** c; **2.** a; **3.** a; **4.** a; **5.** c; **6.** b.

15. **1.** F; **2.** F; **3.** V; **4.** V; **5.** F; **6.** F; **7.** V.

15a. **1.** Es de origen náhuatl; **2.** Significa 'en el ombligo de la luna'; **5.** La ciudad que está en la costa y es famosa por sus playas es Cancún; **6.** Se trata de música popular.

16. **1.** d; **2.** f; **3.** a; **4.** b; **5.** c; **6.** e.

17. **1.** grande; **2.** Puebla; **3.** artificial; **4.** naturaleza; **5.** superpuestas; **6.** cima; **7.** católica.

Unidad 2: Estamos de fiesta

1. **1.** plátanos; **2.** pescado; **3.** tapas; **4.** pasteles; **5.** leche; **6.** tomates.

2. **1.** Verdura, c; **2.** Lácteos, b; **3.** Fruta, c; **4.** Dulces, c.

3. **1.** h; **2.** g; **3.** b; **4.** f; **5.** c; **6.** a; **7.** d; **8.** e.

3a. **1.** cuchara; **2.** vaso; **3.** taza; **4.** plato; **5.** cuchillo; **6.** servilleta; **7.** tenedor; **8.** botella.

4. **1.** f; **2.** e; **3.** b; **4.** d; **5.** c; **6.** a; **7.** g.

4a. **1.** ¡Buen viaje!; **2.** ¡Feliz cumpleaños!/¡Muchas felicidades!; **3.** ¡Que aproveche!; **4.** ¡Buena suerte!; **5.** ¡Felices vacaciones!

5. 1, 4.

6. Respuesta abierta.

7. **1.** menos, que; **2.** más, que; **3.** menos, que; **4.** tan, como; **5.** más, que; **6.** tan, como; **7.** tan, como; **8.** menos, que; **9.** más, que.

8 y **8a.** **1.** F; **2.** V; **3.** F; **4.** V; **5.** V; **6.** F.

9. Respuesta abierta.

10. **1.** es; **2.** está, es; **3.** estoy, son; **4.** es, está; **5.** somos, estoy; **6.** está, es, es, es; **7.** está, está; **8.** está, Es, están.

11. **1.** está; **2.** son; **3.** está; **4.** estás; **5.** está; **6.** es; **7.** es; **8.** eres; **9.** Estás.

12. Yo estoy muy contento; es de Sevilla; es muy buena profesora; Mi grupo es muy pequeño; somos tres chicos y cuatro chicas; ¿en qué curso estás de inglés?

13. **1.** e; **2.** f; **3.** c; **4.** d; **5.** b; **6.** a.

13a. Respuesta abierta.

14. **1.** d; **2.** c; **3.** b; **4.** c; **5.** d; **6.** b.

15. **Ser:** rápido/a, fiel, valiente, inteligente, increíble.
Estar: enfadado/a, de buen humor, enfermo/a, roto/a, preocupado/a.

16. Respuesta abierta.

17. **1.** baile; **2.** palmada; **3.** vestido; **4.** piñata; **5.** harina; **6.** regalo.

18. 3, es en Puerto Rico; 4, es en Chile; 6, es en Paraguay.

19. **a.** 1; **b.** 3; **c.** 6; **d.** 2; **e.** 5; **f.** 4.

Unidad 3: Viajes con encanto

1. **1.** a; **2.** c; **3.** b; **4.** c; **5.** a; **6.** c.

2. **1.** completa; **2.** media; **3.** antelación; **4.** seguro; **5.** mano, facturar; **6.** todo incluido.

3. **1.** c; **2.** a; **3.** f; **4.** b; **5.** d; **6.** e.

3a. Respuesta abierta.

4. **Posible respuesta:**
1. Son dos turistas, consultan una guía en la *tablet*;
2. Están en un aeropuerto y el señor factura su equipaje;
3. La chica busca un hotel en internet/reserva un hotel por internet.

5. **1.** F; **2.** V; **3.** F; **4.** V; **5.** F; **6.** F.

6. **Antes del viaje:** Sacar el billete de avión, Contratar un seguro de viaje, Comprar una guía, Reservar el hotel.
Durante el viaje: Hacer excursiones, Bañarse, Tomar el sol, Visitar museos.

7. **1.** recorrer; **2.** buscar; **3.** pasar; **4.** visitar.

8. Respuesta abierta.

9. **1.** trabajaste; **2.** trabajó; **3.** trabajasteis; **4.** bebí; **5.** bebimos; **6.** bebieron; **7.** subiste; **8.** subimos; **9.** subisteis.

10. **1.** fui; **2.** fue; **3.** fuisteis; **4.** tuviste; **5.** tuvimos; **6.** tuvieron; **7.** hice; **8.** hiciste; **9.** hicisteis; **10.** estuvo; **11.** estuvimos; **12.** estuvieron; **13.** vi; **14.** vimos; **15.** visteis; **16.** di; **17.** diste; **18.** dieron.

11. **1.** anoche; **2.** anteayer; **3.** hace tres días; **4.** el mes pasado; **5.** el año pasado; **6.** hace dos años; **7.** en 2015.
Respuesta abierta.

12. **1.** a; **2.** d; **3.** b; **4.** c; **5.** f; **6.** e.

12a. **1.** tuve; **2.** viste; **3.** estuvieron, fui; **4.** hizo; **5.** fue, compró, llegó, probamos; **6.** escribió.

13. 2, 3, 5, 6, 8.

13a. **1.** d; **2.** g; **3.** a; **4.** b; **5.** h; **6.** e; **7.** c; **8.** f.

14. **1.** F; **2.** V; **3.** F; **4.** V; **5.** V; **6.** F; **7.** F; **8.** F; **9.** V; **10.** F.

14a. **Posible respuesta:**
1. Para decidir entre empezar la universidad o viajar para aprender idiomas; **2.** Pensó en ir a China para aprender chino, a EE. UU. para mejorar su inglés o a Francia para estudiar francés; **3.** En París trabajó de camarera en una cafetería, en Nueva York trabajó en la recepción de un hotel y en África fue profesora de Matemáticas; **4.** Sven es un chico sueco que conoció trabajando en el hotel de Nueva York. Juntos se fueron a África; **5.** Porque fue una experiencia increíble y se sintió muy satisfecha.

14b. **Posible respuesta:**
1. Manuela en París cuando estudió francés en una academia; **2.** Manuela cuando trabajó de camarera en la cafetería de París; **3.** Manuela cuando trabajó en la recepción de un hotel en Nueva York; **4.** Manuela cuando enseñó matemáticas en una escuela en África.

15. **1.** a; **2.** e; **3.** d; **4.** b; **5.** c.

16. **1.** c; **2.** d; **3.** e; **4.** a; **5.** b.

17. **1.** V; **2.** F; **3.** V; **4.** V; **5.** F; **6.** F; **7.** V.

18. **1.** jardín; **2.** roca; **3.** instrumento; **4.** trompeta; **5.** interior; **6.** pares; **7.** cima; **8.** lluvia.

Unidad 4: Hemos conectado

1. **1.** h; **2.** d, b; **3.** f; **4.** k; **5.** a, l, i; **6.** e; **7.** c; **8.** j, g.

2. **1.** descargarme; **2.** Guarda; **3.** Cópialo, pégalo; **4.** subido; **5.** imprímela; **6.** Busca; **7.** Elimina; **8.** comparto.

3. **1.** d; **2.** e; **3.** a; **4.** b; **5.** c.

4. **1.** d; **2.** c; **3.** e; **4.** b; **5.** f; **6.** a.

5. **1.** d; **2.** a; **3.** f; **4.** b; **5.** e; **6.** c.

6. **1.** d; **2.** a; **3.** c; **4.** c.

7. **1.** teclado, también teclado de piano y de otros instrumentos musicales; **2.** bajar/descargar, también bajar una escalera o en ascensor; **3.** impresora; **4.** pantalla; **5.** chatear; **6.** navegar, también viajar en barco; **7.** ratón, también es un animal; **8.** compartir.

8. **1.** b; **2.** c; **3.** a.

8a. computadora, *mouse* y celular.
Respuesta abierta.

9. **1.** he hablado; **2.** hemos hablado; **3.** han hablado; **4.** ha comido; **5.** habéis comido; **6.** has vivido.

10. **1.** habéis salido; **2.** ha llamado, hemos quedado; **3.** Ha leído; **4.** me he levantado, he desayunado, he ido; **5.** Has estado; **6.** hemos cenado; **7.** han llegado; **8.** han venido, han tenido.

11. **Participio regular:** correr, encontrar, pensar, viajar.
Participio irregular: escribir, poner, decir, hacer, romper, ver, volver, abrir.

11a. **1.** viajado; **2.** escrito; **3.** hecho; **4.** encontrado, puesto; **5.** corrido; **6.** vuelto; **7.** pensado; **8.** visto, roto; **9.** dicho; **10.** abierto.

12. **1.** me he levantado; **2.** he desayunado; **3.** he salido; **4.** he cogido; **5.** he escrito; **6.** he hecho; **7.** he terminado; **8.** he ido; **9.** hemos visto.

13. Respuesta abierta.

14. Respuesta abierta.

15. 1, 4, 5, 7, 8.

15a. **Ya:** ha hecho los deberes, ha comprado el pan, ha ido a Correos a recoger el paquete; **Todavía no/Aún no:** ha terminado de ver la película, ha limpiado y ordenado su habitación, ha planchado la ropa, ha puesto la lavadora.

16. **1.** d; **2.** c; **3.** e; **4.** a; **5.** b.

17. Respuesta abierta.

18. **1.** sé, conoce; **2.** sabe, conoce; **3.** conocemos, saben; **4.** Conocéis, Sabéis.

19. Respuesta abierta.

19a. Respuesta abierta.

20. **1.** e; **2.** b; **3.** a; **4.** c; **5.** d.

20a. **A.** 2; **B.** 4; **C.** 3.

21. 3.

22. **1.** b; **2.** a; **3.** b; **4.** c; **5.** b; **6.** c.

Unidad 5: Vivencias

1. **1.** invento; **2.** documento; **3.** siglo; **4.** protagonista; **5.** personaje; **6.** fecha; **7.** humanidad; **8.** suceso.

2. **1.** suceso; **2.** siglo; **3.** protagonista; **4.** fecha; **5.** humanidad; **6.** personajes; **7.** documento; **8.** inventos.

3. **1.** c; **2.** a; **3.** h; **4.** g; **5.** f; **6.** b; **7.** d; **8.** e.

4. **1.** grapadora; **2.** fregona; **3.** bolígrafo; **4.** televisión.

4a. **a.** 4; **b.** 2; **c.** 3; **d.** 1.

5. **1.** F; **2.** V; **3.** F; **4.** V.

6. **1.** d; **2.** c; **3.** c; **4.** d.

7. Respuesta abierta.

7a. Respuesta abierta.

8. **1.** se vistió, se vistieron; **2.** creyó, creyeron; **3.** oyó, oyeron; **4.** sonrió, sonrieron; **5.** incluyó, incluyeron; **6.** durmió, durmieron; **7.** construyó, construyeron; **8.** murió, murieron.

9. **1.** b; **2.** d; **3.** h; **4.** a; **5.** g; **6.** e; **7.** f; **8.** c.

9a. Respuesta abierta.

10. **1.** Con 25 años llegó a España; **2.** Desde octubre hasta junio trabajó como profesor de inglés; **3.** Después de este primer viaje volvió a su país; **4.** Poco tiempo después, regresó a España; **5.** Al cabo de unos meses, se apuntó a clases de español; **6.** Un año más tarde, conoció a su pareja actual; **7.** Después de 20 años, continúa en Madrid y su español es bastante aceptable.

11. **1.** perfecto; **2.** indefinido; **3.** perfecto; **4.** perfecto; **5.** indefinido; **6.** perfecto; **7.** indefinido; **8.** perfecto.

12. **1.** nació; **2.** ha obtenido; **3.** fue; **4.** ganó; **5.** ha sido; **6.** consiguió; **7.** ha ganado; **8.** Ha participado; **9.** ha compuesto; **10.** ha colaborado; **11.** nombraron.

13. **Posible respuesta:**
1. La semana pasada Elena fue de compras con su novio; **2.** Esta mañana ha estudiado en la biblioteca con una amiga; **3.** Anoche Elena bailó con sus amigos en una discoteca; **4.** El verano pasado fue de vacaciones a la playa; **5.** Este año Elena se ha roto una pierna; **6.** Hace dos semanas hizo una entrevista de trabajo.

14. **Posible respuesta:**
Ya: ha buscado su hotel y se ha registrado; ha wasapeado con sus amigos españoles; ha visitado el Museo del Prado; ha ido de tapas a Platea; ha paseado por sitios emblemáticos, como la Puerta del Sol y la plaza Mayor, y ha hecho muchas fotos; ha escrito una postal a su familia; ha hecho el *check-in* de su billete de vuelta.
Todavía no: ha cogido el autobús turístico; ha comido en Casa Lucio; ha hecho el equipaje; ha cenado e ido a bailar con sus amigos españoles; ha puesto el despertador; ha ido al aeropuerto; ha vuelto a trabajar.

15. **1.** La industrialización; **2.** En los 70; **3.** El Museo Guggenheim, de Frank Gehry; **4.** La plaza Nueva.

16. **Introducir la anécdota:** Te voy a contar una cosa... ¿Sabes lo que me pasó...?, Pues resulta que...; **Mostrar interés:** Cuenta, cuenta..., ¿Qué te pasó?; **Reaccionar a la anécdota:** ¡No me digas!, ¡Qué bien!, ¿De verdad?, ¡Qué mala suerte!

16a. **Posible respuesta:**
1. Sabes lo que me pasó; **2.** ¿Qué te pasó?; **3.** ¡No me digas!; **4.** Te voy a contar una cosa; **5.** Cuenta, cuenta...; **6.** Pues resulta que; **7.** ¿De verdad?; **8.** ¡Qué bien!; **9.** Pues resulta que; **10.** ¡Qué mala suerte!

17. Respuesta abierta.

18. **1.** La Habana; **2.** Malecón; **3.** salsa; **4.** Varadero; **5.** playa; **6.** bicicleta; **7.** carne; **8.** vuelta.

18a. **1.** F; **2.** V; **3.** V; **4.** F; **5.** V.

19. **a.** 2; **b.** 4; **c.** 1; **d.** 6; **e.** 3; **f.** 5.

Unidad 6: ¿Cómo era antes?

1. **1.** f; **2.** e; **3.** c; **4.** h; **5.** a; **6.** i; **7.** g; **8.** d; **9.** b.

1a. **1.** b; **2.** g; **3.** f; **4.** e.

2. Respuesta abierta.

3. **1.** Hace; **2.** Está; **3.** Hay; **4.** es; **5.** Hace; **6.** es; **7.** Hay; **8.** Hace; **9.** Hace; **10.** Está.

4. **1.** d; **2.** c; **3.** a; **4.** b; **5.** d.

5. **Primavera:** 3, 10, 12; **Verano:** 2, 4, 6; **Otoño:** 1, 5, 9; **Invierno:** 7, 8, 11.

6. **1.** sol/buen tiempo, Artigas y Rivera; **2.** nublado, Melo; **3.** muy nublado, Rocha, Montevideo, Mercedes y Paysandú; **4.** lluvia, Florida y Durazno; **5.** tormenta, Mercedes y Paysandú; **6.** nieve; **7.** frío, Rocha; **8.** calor, Artigas y Rivera.

7. Respuesta abierta.

8. **1.** salíamos; **2.** solía; **3.** era, tenía, se veía; **4.** había; **5.** éramos, venía; **6.** hacía; **7.** era, tenía; **8.** cenabas; **9.** estaba; **10.** hacía, cogíamos, íbamos.

8a. **Describir en pasado:** 3, 5, 7; **Hablar de acciones habituales en el pasado:** 1, 2, 6, 10; **Acción durativa en relación con otra terminada:** 4, 8, 9.

9. **1.** PS, Era tímida; **2.** PR, Sale con amigos; **3.** PS, Hablaba con poca gente; **4.** PR, Es sociable; **5.** PS, No tenía muchos amigos; **6.** PS, Iba a la guardería; **7.** PR, Estudia Periodismo; **8.** PS, Quería ser veterinaria; **9.** PR, Quiere ser presentadora; **10.** PS, Le gustaba coger insectos; **11.** PR, Tiene novio; **12.** PS, Jugaba sola.

10. Respuesta abierta.

11. **1.** Trabajaba; **2.** hacíamos; **3.** tomábamos; **4.** salía; **5.** iba; **6.** gustaba; **7.** comía; **8.** veía; **9.** Salía; **10.** dirigíamos; **11.** Hacíamos; **12.** íbamos; **13.** veíamos; **14.** volvía; **15.** preparaba; **16.** cenaba; **17.** veía; **18.** leía; **19.** solía; **20.** estaba.

12. **1.** Esta semana; **2.** Mientras; **3.** Antes; **4.** Hace un año; **5.** Cuando; **6.** Siempre.

13. **Narración/Hechos:** **1.** gastó, aprovechó, reservó, pagó; **2.** engañó, ayudó, vio, decidió, pidió; **3.** regaló, cogió, repartió, se han puesto, han pedido.
Descripción/Circunstancias: **1.** dormía, incluía; **2.** iba, vivía, tenía, estaba; **3.** eran, necesitaba.

14. **1.** participaron; **2.** celebró; **3.** consistía; **4.** ha sido; **5.** han participado; **6.** ganó; **7.** estuvo; **8.** fueron; **9.** quedó; **10.** Pensaba; **11.** era; **12.** tenían; **13.** podían; **14.** quería.

14a. **1.** F; **2.** V; **3.** F; **4.** F; **5.** V; **6.** V.

15. **1.** estudiaba; **2.** tenía; **3.** era; **4.** encantaba, empecé; **5.** hacía; **6.** iba.

16. **1.** he visitado; **2.** fue; **3.** Era; **4.** compré; **5.** he leído; **6.** llegué; **7.** fue; **8.** he visto; **9.** tenía; **10.** era.

17. **1.** Es la nuestra; **2.** Son las vuestras; **3.** ¿Tienes las mías?; **4.** Coge el suyo; **5.** Rompió la tuya; **6.** Es la suya; **7.** Son los nuestros; **8.** No es el mío; **9.** Vienen los suyos; **10.** ¿Son los tuyos?

18.

18a. **1.** V; **2.** F; **3.** V; **4.** F; **5.** F.

18b. **1.** c; **2.** a; **3.** d; **4.** b; **5.** e.

Unidad 7: Dentro de 50 años

1. **1.** Disminuye; **2.** Limpia, evitar; **3.** Instala, usar; **4.** Crea; **5.** Clasifica, reciclar.

2. **1.** latas; **2.** periódicos; **3.** jeringuilla usada; **4.** botellas; **5.** pañales; **6.** restos orgánicos; **7.** bolsas; **8.** pilas.

2a. **1.** Envases: latas, bolsas; **2.** Papel: periódicos; **3.** Vidrio: botellas; **4.** Material peligroso: jeringuilla usada, pilas; **5.** Restos orgánicos: manzanas; **6.** Material no biodegradable: pañales.

3. **1.** c; **2.** e; **3.** a; **4.** f; **5.** b; **6.** g; **7.** h; **8.** d.

3a. **1.** punto limpio; **2.** papel, azul; **3.** papel, azul; **4.** envases, amarillo; **5.** envases, amarillo; **6.** papel, azul; **7.** vidrio, verde; **8.** restos orgánicos, marrón.

4 y **4a.** **1.** revistas; **2.** cartón; **3.** envases; **4.** pilas; **5.** corcho; **6.** orgánicos.

5. Respuesta abierta.

6. **1.** c; **2.** e; **3.** a; **4.** b; **5.** d; **6.** h; **7.** f; **8.** g.

7. **1.** avanzará; **2.** vivirán; **3.** cuidarán; **4.** seréis; **5.** tendré; **6.** podrán.

8. Valer, tener, hacer, poner, saber, querer, salir, poder, decir, venir.

8a. Respuesta abierta.

9. Respuesta abierta.

10. **1.** b; **2.** c; **3.** a; **4.** c.

11. **Posible respuesta:**
1. Os prometo que no volveré a llegar tarde; **2.** Supongo que estará en el coche; **3.** Te prometo que lo limpiaré el sábado; **4.** Te prometo que te ayudaré a hacer el trabajo; **5.** Estudiaré y practicaré más para mejorar; **6.** En verano iré a la playa con mis padres.

12. **1.** f; **2.** g; **3.** e; **4.** b; **5.** c; **6.** d; **7.** a.

13. Respuesta abierta.

14. Respuesta abierta.

15. **1.** Serán las diez y media; **2.** Juan estará enfermo; **3.** María tendrá quince años; **4.** Será la una y cuarto; **5.** Costará treinta euros; **6.** Medirá casi dos metros; **7.** Estaremos a 0 °C; **8.** Pesará diez kilos.

16. **1.** serán; **2.** habrá; **3.** desaparecerá/desaparecerán; **4.** existirán; **5.** continuarán; **6.** causarán; **7.** tendrá; **8.** será; **9.** podrán.

16a. **1.** V; **2.** V; **3.** F; **4.** V; **5.** F; **6.** F; **7.** V.

17. Respuesta abierta.

18. **1.** F; **2.** F; **3.** F; **4.** V; **5.** V; **6.** V; **7.** F.

19. **1.** c; **2.** b; **3.** a.

20. **1.** figuras; **2.** carrera; **3.** actores; **4.** actrices; **5.** premiados; **6.** españoles; **7.** directores; **8.** prestigio.

Unidad 8: En línea

1. **1.** sitio web; **2.** tuit; **3.** boletín; **4.** usuario; **5.** buscador; **6.** banderola.

1a. **1.** tuit, usuario; **2.** sitio web, banderolas, buscador, boletín.

2. **1.** b; **2.** a; **3.** c; **4.** e; **5.** d.

3. 3, 5.

3a. **1.** En un correo electrónico; **2.** En un chat o red social; **4.** En un foro.

4. **1.** tarjeta; **2.** los gastos; **3.** reputación; **4.** garantía; **5.** política.

5. **1.** B; **2.** F; **3.** D; **4.** A; **5.** E; **6.** C.

5a. **1.** #Reembolso; **2.** #GarantíaPorDefecto; **3.** #GastosDeEnvío; **4.** #FormaDePago; **5.** #TarjetaDeCrédito; **6.** #Reputación.

5b. **a.** 3; **b.** 1; **c.** 2; **d.** 4; **e.** 1; **f.** 3; **g.** 6; **h.** 5.

6. **1.** hable; **2.** hablen; **3.** lee; **4.** leed; **5.** escribe; **6.** escriba; **7.** escriban.

7. **1.** b, f, g; **2.** a, c, i; **3.** d, h; **4.** e, j.

8. **1.** piensa; **2.** apaguen; **3.** devuelva; **4.** leed; **5.** habla; **6.** Duérmete; **7.** Callaos.

9. **1.** Enciende; **2.** Haz; **3.** cuelga; **4.** sigue; **5.** Sustituye; **6.** ten; **7.** vuelve; **8.** Pon; **9.** Cuéntame; **10.** ve; **11.** Empieza; **12.** Vístete.

9a. **e > ie:** enciende, empieza; **o > ue:** cuelga, vuelve, cuéntame; **e > i:** sigue, vístete; **i > y:** sustituye; **Otros irregulares:** haz, ten, pon, ve.

10. **1.** No vengas; **2.** No bajes; **3.** No digas; **4.** No sigas; **5.** No introduzca; **6.** No vayáis; **7.** No salgan; **8.** No habléis; **9.** No marquéis; **10.** No cojáis; **11.** No juguéis; **12.** No duermas.

11. **1.** A; **2.** A; **3.** A; **4.** A; **5.** N; **6.** N.

12. **1.** ábrela/ábrala; **2.** no los compres; **3.** cuéntasela/cuéntesela; **4.** vaya; **5.** cógelo/cójalo; **6.** no te lo lleves/no se lo lleve; **7.** llámame; **8.** no abras/no abra; **9.** idos/váyanse; **10.** cerradla/ciérrenla; **11.** no se la des/no se la dé; **12.** no nos la mandes; **13.** regálaselo; **14.** dínoslo.

13. **1.** debo/puedo; **2.** puede; **3.** debe; **4.** tengo que; **5.** he podido; **6.** tuvimos que.

14 y **14a.** **a.** Introduzca, 2; **b.** dejen, 5; **c.** Abróchense, 3; **d.** olvide, 6; **e.** Apaguen, 4; **f.** Respete, 1.

14b. **Situación 1:** respete, no supere, mantenga; **Situación 2:** Introduzca, marque, elija, no olvide; **Situación 3:** permanezcan, abróchense; **Situación 4:** apaguen, pónganlos, no hagan; **Situación 5:** dejen, no se sitúen; **Situación 6:** No olvide, pase.

15. **1.** duda; **2.** Revisa; **3.** hagas; **4.** Busca; **5.** uses; **6.** Ten; **7.** piensa; **8.** compres.

16. **1.** f; **2.** c; **3.** a; **4.** d; **5.** b; **6.** e.

17. **1.** b; **2.** a; **3.** c; **4.** a.

Unidad 9: Compartir espacios

1. **1.** terraza; **2.** estantería; **3.** ventana; **4.** sillón; **5.** dormitorio; **6.** planta; **7.** lavadora; **8.** cocina; **9.** ducha.

2. **1.** techo; **2.** suelo; **3.** edificio; **4.** bañera; **5.** pared; **6.** estantería.

3.

4. Respuesta abierta.

5. **1.** f, E; **2.** a, C; **3.** e, B; **4.** b, D; **5.** c, A; **6.** d, F.

6. **1.** F; **2.** F; **3.** V; **4.** V; **5.** F; **6.** V; **7.** V; **8.** V; **9.** F.

7. **1.** Presente de subjuntivo; **2.** cantes; **3.** cante; **4.** cantéis; **5.** aprenda; **6.** aprendamos; **7.** aprendan; **8.** abras; **9.** abra; **10.** abráis.

7a. **Ser:** sea, seas, sea, seamos, seáis, sean; **Haber:** haya, hayas, haya, hayamos, hayáis, hayan; **Saber:** sepa, sepas, sepa, sepamos, sepáis, sepan; **Ir:** vaya, vayas, vaya, vayamos, vayáis, vayan; **Querer:** quiera, quieras, quiera, queramos, queráis, quieran; **Pedir:** pida, pidas, pida, pidamos, pidáis, pidan; **Hacer:** haga, hagas, haga, hagamos, hagáis, hagan; **Contar:** cuente, cuentes, cuente, contemos, contéis, cuenten; **Tener:** tenga, tengas, tenga, tengamos, tengáis, tengan; **Dormir:** duerma, duermas, duerma, durmamos, durmáis, duerman; **Conocer:** conozca, conozcas, conozca, conozcamos, conozcáis, conozcan; **Huir:** huya, huyas, huya, huyamos, huyáis, huyan.

8. **1.** usemos; **2.** visitéis; **3.** hagas, ayudes; **4.** vuelva; **5.** se conozcan, vengan; **6.** vayas; **7.** traduzca; **8.** duermas; **9.** haga, puedan; **10.** jueguen; **11.** limpie; **12.** hable.

8a. **Regulares:** usemos, visitéis, ayudes, limpie, hable; **Con irregularidades propias del presente de subjuntivo:** vayas; **Con la misma irregularidad que en presente de indicativo:** hagas, vuelva, se conozcan, vengan, traduzca, duermas, haga, puedan, jueguen.

9. **1.** ruego; **2.** permite; **3.** Espero; **4.** suplica; **5.** aconsejan; **6.** prohíben.

10. **1.** ocurra, solucione; **2.** comamos; **3.** asista; **4.** terminéis; **5.** pasear; **6.** hable, cuente; **7.** salir; **8.** ir.

11. **1.** caigas; **2.** venga; **3.** duerma; **4.** sepas; **5.** conduzcáis; **6.** apagues; **7.** vayáis; **8.** pidas; **9.** recojas; **10.** repitas; **11.** practiquéis.

12. **Dar consejos y hacer recomendaciones:** 5, 9; **Expresar deseos:** 1, 2, 4, 8, 13; **Hacer peticiones:** 3, 6, 12; **Expresar permiso o prohibición:** 7, 10, 11.

13. **Posible respuesta:**
1. Deseo que tengas un buen viaje; **2.** Espero que te guste; **3.** Deseo que seáis felices; **4.** Espero que apruebes/aprobéis; **5.** Deseo que te mejores; **6.** Espero que duermas bien; **7.** Quiero que gane vuestro equipo; **8.** Espero que tus padres lleguen pronto.

14. **a.** 2; **b.** 5; **c.** 1; **d.** 3; **e.** 4.

14a. **1.** en primer lugar (para empezar, primero…); **2.** por otro lado (también, además…); **3.** para terminar (por último, para acabar…).

15. **1.** maracas; **2.** claves; **3.** bongós; **4.** rondador; **5.** castañuelas; **6.** acordeón.

16. **1.** género; **2.** ritmos; **3.** conciertos; **4.** estilos; **5.** son; **6.** merengue.

17. **1.** e; **2.** c; **3.** d; **4.** a; **5.** b.

18. Tango, ranchera, milonga.

19. Calle 13, Juanes, Luis Fonsi.

Unidad 10: Rebobinamos

1. **1.** a; **2.** a; **3.** c; **4.** b; **5.** b; **6.** c.

2. **1.** d; **2.** a; **3.** f; **4.** j; **5.** c; **6.** i; **7.** e; **8.** g; **9.** b; **10.** h.

3. 1, 4, 5, 7, 8, 9.

4. **1.** mesa/mesita; **2.** techo; **3.** mueble; **4.** estanterías; **5.** silla; **6.** paredes; **7.** planta; **8.** calefacción; **9.** alfombra.

5. **1.** f; **2.** c; **3.** a; **4.** e; **5.** b; **6.** d.

6. **1.** a; **2.** f; **3.** e; **4.** c; **5.** b; **6.** d.

7. **1.** c; **2.** i; **3.** g; **4.** a; **5.** f; **6.** e; **7.** j; **8.** h; **9.** b; **10.** d.

8. **1.** Deportes; **2.** Economía; **3.** Cultura y espectáculos; **4.** Política; **5.** El tiempo; **6.** Sucesos; **7.** Sociedad.

9. **1.** perfecto; **2.** presente; **3.** específico; **4.** indefinido; **5.** pasado; **6.** acontecimientos; **7.** imperfecto; **8.** habituales; **9.** durativa.

9a. **1.** f; **2.** b; **3.** e; **4.** g; **5.** a; **6.** c; **7.** d; **8.** h.

10. **1.** llovía; **2.** encantó; **3.** has hablado; **4.** has terminado; **5.** salió, estaba; **6.** estuve, vino; **7.** he llegado, quedaba; **8.** estaba, era.

11. **Pretérito perfecto:** nunca, ya, este mes, hasta ahora, todavía no, hoy, alguna vez, muchas veces; **Pretérito indefinido:** el otro día, en 1997, el martes pasado, en abril, hace una semana, anteayer, el verano pasado.

12. **1.** F; **2.** V; **3.** F; **4.** V; **5.** V; **6.** F; **7.** F; **8.** V.

12a. **1.** no viniste a la facultad; **2.** porque tenía un poco de fiebre; **3.** no podían faltar; **4.** te perdiste; **5.** nos habló de una novela; **6.** No la he leído; **7.** llegó a Barcelona; **8.** mientras lo buscaba; **9.** Nos reímos mucho.

12b. Respuesta abierta.

13. **1.** puntuales; **2.** narración; **3.** imperfecto; **4.** descripción; **5.** circunstancias.

14. **1.** d; **2.** c/f; **3.** b; **4.** a; **5.** c/f; **6.** e.

15. **1.** abrió; **2.** empezamos; **3.** hicimos; **4.** tenías; **5.** puso; **6.** vio; **7.** estaba; **8.** entró; **9.** recibió; **10.** duró; **11.** comieron/comían; **12.** empezó; **13.** era; **14.** encantó; **15.** regalaron; **16.** parecieron; **17.** dio; **18.** era; **19.** regaló; **20.** estuvo; **21.** parecía.

16. Respuesta abierta.

17. Respuesta abierta.

18. **1.** moái; **2.** mariachi; **3.** quinceañera; **4.** Bilbao; **5.** maracas; **6.** La Habana.

19. **1.** México; **2.** Cuba; **3.** Venezuela; **4.** Colombia; **5.** Perú; **6.** Chile; **7.** Argentina; **8.** Uruguay.

20. Galicia, País Vasco, Andalucía, Extremadura.

20a. Galicia: gallego; País Vasco: vasco o euskera.

20b. Castellano y catalán.

Transcripciones

Unidad 1

[1]

▶ Hola, Javier, ¿qué tal? ¿Qué haces por aquí? No te vemos desde septiembre.

▷ Estoy pasando la Navidad en casa de mis abuelos, en Madrid. Siempre la pasamos con ellos. ¡Qué alegría verte! ¿Qué tal todo por la escuela?

▶ Muy bien, pero Ricardo y yo echamos un poco de menos ir contigo en el bus todos los días.

▷ Yo también, pero... ¿sabes? Ahora, en Barcelona, ya no cojo el bus para ir a clase. La escuela está al lado de mi casa. Solo cojo el metro para ir a entrenar. No hay ningún polideportivo cerca de casa. ¿Vosotros estáis jugando este año?

▶ No, yo este año no puedo jugar al baloncesto; voy todos los días a clase de alemán y no tengo tiempo para entrenar. Ricardo sigue en el equipo; yo a veces quedo con él para jugar un partido, pero muy pocas veces. Oye, tenemos que chatear más. Yo a menudo chateo con gente a la que veo todos los días y no lo hago con amigos que viven lejos. ¡Qué cosas tan extrañas hacemos!

▷ Es verdad... Yo chateo a menudo con Luis; dice que este año tenéis un profesor de Historia muy simpático.

▶ Sí, es fabuloso, explica muy bien y todos los meses hacemos una o dos excursiones por Madrid y visitas a museos. Me cae muy bien. ¿Tú qué tal en tu nueva escuela?

▷ En general, estoy contento. Mis compañeros son muy agradables, la verdad. Tengo muy buena relación con un chico de Argentina. Él también juega a baloncesto y vamos juntos a una academia de inglés tres días a la semana.

▶ ¡Qué bien! Oye, a partir de ahora tenemos que estar más en contacto, ¿vale?

▷ Claro, anota mi nuevo número. Uno de estos días quedamos y hacemos algo juntos. ¿Qué plan tenéis para el sábado?

▶ Vamos al cine. Ahora vamos todos los fines de semana. ¿Vienes?

▷ Perfecto, no voy al cine desde hace un año. ¡Hasta el sábado!

[2]

1. ¿Pido al camarero ahora o prefieres esperar?
2. Hoy no salgo, tengo resfriado y necesito descansar.
3. ¿Puedes ayudarme con este programa? Miro y miro las instrucciones, pero no las entiendo.
4. Todos los años viajo al Caribe, no me importa repetir siempre el mismo destino. Este año vuelvo a Cuba, ¡quiero volver a Cuba!
5. Mi hermano trabaja en una empresa que construye barcos y dice que le encanta su trabajo.
6. Marta viene si se lo dices.

Unidad 2

[3]

Los horarios en España son muy distintos a los que tienen en el resto de Europa, incluso en países mediterráneos como Italia o Grecia. Los horarios en que los españoles comen, cenan o se acuestan se parecen más a los horarios de países como Marruecos, Túnez o Egipto; son prácticamente los mismos.

Los italianos, por ejemplo, suelen comer a las doce y media o la una, mientras que los españoles comen normalmente entre las dos y las tres, igual que en los países del otro lado del Mediterráneo. Cuando un español habla del mediodía, se refiere a la hora de comer, a las dos o a las tres. Por eso, si alguna vez un español te dice: "Nos vemos a mediodía", pregunta la hora exacta si no quieres estar esperando durante dos o tres horas. También en España, como en Marruecos o en Egipto, se cena tarde, alrededor de las diez o incluso después, mientras que en el resto de Europa se cena mucho antes, entre las siete y las ocho.

También la hora de irse a dormir es más tarde en España, entre las once y media y la una. Solo en los países del norte de África puedes ver a tanta gente por la calle como en España después de las once.

[4]

En mi país la fiesta de las quinceañeras es una gran celebración a la que están invitadas muchas personas: la familia, que es siempre muy grande, con muchos tíos y primos, todos los amigos y, también, muchos compañeros y compañeras de la escuela. Normalmente, un mes antes, enviamos una invitación a todas esas personas y ahí se indica el día, la hora y el sitio en que tendrá lugar la celebración. Por lo general, se celebra en algún restaurante amplio o en alguna sala de fiestas, como las de las bodas. La quinceañera, vestida como una princesa, llega con su padre y da inicio a la celebración bailando un vals con él. Después la gente se sienta y hay un gran banquete; se comen muchos platos y dulces. Al final de la comida, la joven recibe los regalos de sus invitados y, para terminar, hay un gran baile que dura hasta la noche.

Unidad 3

[5]

1. Recuerdo perfectamente cuando tuve mi primera entrevista de trabajo, hace ya varios años. Dos, si no me equivoco.
2. ¿Recuerdas el título de la película que viste anoche?
3. Mis amigos estuvieron anteayer en la playa. Yo no fui porque estos días tengo mucho trabajo.
4. Mi hijo hizo su último examen el mes pasado.
5. Estoy haciendo una tortilla de patatas. Es que el otro día mi hermano fue al supermercado y compró una de esas que ya están cocinadas, y cuando llegó a mi casa, ni mis padres ni yo la probamos. Así que hoy la voy a hacer yo.
6. Este autor escribió su novela más internacional en 2009.

[6]

El verano pasado hice un viaje por varios lugares de Andalucía, en el sur de España. Estuve una semana en Sevilla. Allí me alojé en un albergue, muy cerca de la escuela, porque fui allí para hacer un curso de cocina. Aprendí a cocinar el pollo a la andaluza, la tortilla de camarones y otros platos muy buenos. Luego estuve varios días en un *camping* en Tarifa, un pueblo famoso entre los surferos; pero no hice surf, solo fui a la playa a descansar. Allí alquilé un coche e hice la ruta de los pueblos blancos, son superbonitos. Cogí un tren en Cádiz y desde allí viajé a Córdoba, pero no tuve tiempo para visitar la mezquita, solo fui para ver a una amiga que vive allí. Comimos juntos y dimos un paseo corto. En Córdoba cogí otra vez el tren y regresé a casa. Dentro de España nunca suelo coger el avión.

Unidad 4

[7]

Para instalar una aplicación, es decir, un programa para el móvil, debes escribir con el teclado tu nombre de usuario en el sitio web. El usuario eres tú, pero también puedes usar un alias. Luego escribes la contraseña, que es la clave secreta para acceder a tu correo o a un sitio web cualquiera, y ya está... Algunas aplicaciones pueden instalarse también en otros dispositivos, como, por ejemplo, una *tablet*.

[8]

▶ Oye, Jaime, ¿has hecho ya los deberes?
▷ Sí, los he terminado hace ya un rato.
▶ ¿Y has limpiado y ordenado ya tu habitación?
▷ Aún no, pero enseguida me pongo. Es que todavía no ha terminado la película que estoy viendo.
▶ Pues termina de verla luego y ahora ordena tu cuarto, que te lo he dicho hoy cien veces. Por cierto, ¿has pasado por el supermercado a comprar el pan?
▷ Sí, mamá, lo he comprado a la vuelta del instituto y también he ido a Correos a recoger el paquete de la abuela.
▶ Vale, muy bien. ¿Te has planchado la ropa?
▷ No, porque no he tenido tiempo para poner la lavadora. La pongo luego y plancho mañana.
▶ No, la pones ahora, antes de ordenar tu cuarto, y la planchas luego, porque...
▷ Ya sé..., que sí..., que me lo has dicho cien veces...

Unidad 5

[9]

Con veinticinco años llegué a España sin hablar nada de español, exactamente a San Sebastián, para buscar a una española que conocí en mi país. Soy escocés, de Edimburgo. Me impresionó la belleza de la ciudad y aunque, claro, no encontré a la chica, me quedé trabajando desde octubre hasta junio, todo un curso, como profesor de inglés.

Después de este primer viaje, volví a mi país y es cuando decidí formarme más profundamente como profesor de idiomas, mi gran vocación. Por eso, poco tiempo después, regresé a España, a Madrid, empecé a trabajar y, al cabo de unos meses, me apunté a clases de español. No fue fácil aprender el idioma; por mi trabajo hablaba mucho tiempo inglés y me relacionaba con mis compañeros que también lo hablaban. Un año más tarde comprendí que necesitaba no solo ir a clase y vivir en Madrid, sino comunicarme con los españoles, practicar lo que aprendía, ver la televisión, escuchar canciones... Fue entonces cuando, en un intercambio, conocí a mi pareja actual; mi español mejoró mucho porque intentaba hablarlo cada día. Han pasado veinte años, continúo en Madrid y mi español es bastante aceptable.

[10]

Siempre he querido ir a Bilbao, la ciudad más grande y cosmopolita del País Vasco. La población de Bilbao creció mucho en los años cincuenta y sesenta gracias a la rápida industrialización de la ciudad. Sin embargo, en los años setenta Bilbao tuvo una grave crisis económica. Fue entonces cuando la ciudad comenzó su viaje hacia la imagen moderna que tiene hoy. Los antiguos edificios industriales desaparecieron y nuevos proyectos buscaron construir una ciudad más amable. Hoy en día, el espectacular Museo Guggenheim, diseñado por el arquitecto Frank Gehry, ha convertido a Bilbao en una ciudad conocida internacionalmente. Pero no es el único edificio famoso: posee también un sistema de metro diseñado por Sir Norman Foster, un aeropuerto del arquitecto español Santiago Calatrava y un centro comunitario, la Alhóndiga, diseñado por Philippe Starck.

Bilbao es actualmente una ciudad sofisticada y dinámica en la que hay siempre muchas cosas que hacer y descubrir, como su cocina, por ejemplo. ¿Qué os puedo contar de sus tapas que allí llaman *pintxos*? Mi primera noche en Bilbao probé los *pintxos* en los fantásticos bares que hay en la plaza Nueva y luego he conocido también los que se encuentran en las calles Santamaría, Gregorio de la Revilla y Licenciado Pozas. No hay palabras para describirlos.

Espero volver pronto a Bilbao porque es una ciudad en la que siempre hay algo nuevo que descubrir.

Unidad 6

[11]

Vamos a ver ahora la información del tiempo en nuestro país para el día de hoy. En el norte, en Artigas y Rivera, van a tener buen tiempo, cielo soleado y temperaturas que oscilan entre los dieciocho y los veinticinco grados. En el noreste, en Melo, algunas nubes y temperaturas suaves. En el sureste, en Rocha, cielo muy nublado y temperaturas bajas, muy frías durante la noche. En la capital, Montevideo, cielo muy nublado. Posibilidad de lluvias en el interior, en Florida y Durazno. En Mercedes y Paysandú, cielos muy nublados y tormentas durante todo el día.

[12]

Unos ochenta concursantes participaron en una competición anual que se celebró el pasado día 5 en Taiwán y que consistía en no hacer absolutamente nada, algo que, aunque parece sencillo, no lo ha sido en absoluto para las decenas de concursantes que han participado este año.

La edición celebrada el pasado sábado la ganó un joven de 24 años de Hong Kong que estuvo mirando al cielo durante noventa minutos. El calor, el sol y las moscas fueron lo más difícil para Chan Kai-Ho, el ganador, que quedó impresionado de su propio logro. "Pensaba que no era capaz de estar tanto tiempo sin hacer nada".

Bajo el lema "Relaja tu cerebro"', los competidores tenían que estar sentados y no podían hablar, dormir, comer ni usar ningún dispositivo electrónico.

El evento quería llamar la atención y hacer reflexionar sobre las muchas distracciones a las que las personas nos enfrentamos en nuestra vida cotidiana.

Unidad 7

[13]

- ▶ Toma nota de las tareas que tienes que hacer. Primero, acércate al contenedor azul y dejas todas estas revistas. Ya no las voy a leer más.
- ▷ Si quieres, puedo bajar también las cajas de cartón que tengo en la habitación.
- ▶ Perfecto. En el cuarto de baño he dejado algunos envases vacíos que hay que llevar al contenedor amarillo. ¿Tienes algo más que podamos llevar?
- ▷ Sí, ahora que recuerdo, tengo unas pilas de mi reloj que puedo reciclar en el contenedor rojo. Están gastadas.
- ▶ Muy bien. Lleva eso y cuando vuelvas, te doy algo más.
- ▷ ¿Qué?
- ▶ He recogido varios tapones de corcho y quiero reciclarlos.
- ▷ ¿Y en qué contenedor tengo que dejarlos? ¿En el azul?
- ▶ No. En el contenedor marrón, el de los residuos orgánicos. Avísame cuando vuelvas.
- ▷ Vale. Pues cuando vuelva, me los das y los llevo.

[14]

1.

Iván, soy Álvaro. Oye, que creo que me pasaré toda la semana en la biblioteca, tengo muchos exámenes juntos, creo que no podré ir a tu cumple... En otro momento me llamas y charlamos, un abrazo.

2.

No, hija, no llegaré el sábado llegaré el domingo para comer. Te prometo que en tu próximo cumpleaños no tendré ningún viaje de trabajo. Te quiero mucho.

3.

- ▶ Entonces, Laura, nos contarás al final de la entrevista si es cierto que estás viviendo con alguien y si os pensáis casar este verano.
- ▷ ¿Disculpa? Mira, creo que no he venido a este programa para hablar de mi vida privada; solo hablaré de mi último disco y del concierto del Día del Medioambiente, en el que participaré junto a otros artistas.

4.

- ▶ Veo muchos cambios en la empresa...
- ▷ ¿Cambiarán al director? ¿Me ascenderán? ¿Tendré mi propio despacho?
- ▶ ¿Habrá cambios en los horarios? ¿Tendré ayudante?
- ▶ ¡Sileeencio! Necesito concentración para ver los cambios... ¡Ajá! Veo los cambios: las paredes serán verdes; las mesas, blancas; las sillas...
- ▶ Las sillas serán de metal y piel... Yo también las vi ayer en el almacén y creo que tú también, Beatriz, ja, ja, ja...

Unidad 8

[15]

Este, sin duda, es un buen móvil. Yo lo tengo y puedo recomendárselo. Tan solo le voy a hacer algunas recomendaciones que debe tener en cuenta. Antes de nada, al sacarlo de la caja, cárguelo; con dos horas será suficiente, tiene carga rápida. Ya no es como antes, los teléfonos más modernos no necesitan estar cargando muchas horas seguidas. Bloquéelo con la huella, es mucho más seguro y, además, muy cómodo. Póngale también una tarjeta de memoria externa para poder guardar más fotos. Y en cuanto a la fotografía, haga fotos de día, saldrán con mucha calidad, pero no haga muchas de noche o en interiores porque la calidad es menor. Y, por último, no lo moje, no tiene protección contra el agua. Espero que lo disfrute.

[16]

Situación 1
En estos momentos varias carreteras tienen un nivel de tráfico elevado. Para mejorar la circulación, respete la distancia de seguridad, no supere el límite de velocidad y mantenga la calma.

Situación 2
Introduzca su tarjeta, marque su número secreto, elija la cantidad que desea y no olvide retirar el dinero y su tarjeta.

Situación 3
Estimados pasajeros, en breves instantes atravesaremos una zona de turbulencias. Por favor, permanezcan en sus asientos y abróchense los cinturones de seguridad.

Situación 4
Señoras y señores, bienvenidos al teatro del Príncipe. La obra va a comenzar. Por favor, apaguen sus teléfonos móviles o pónganlos en modo avión y no hagan fotos ni grabaciones durante la representación. Gracias.

Situación 5
Estimados viajeros, dejen salir antes de entrar y no se sitúen en la puerta si no van a bajar del tren.

Situación 6
Aquí tiene su vuelta. No olvide comprobar el cambio y pase una buena tarde. Muchas gracias por su compra.

Unidad 9

[17]

▶ He alquilado un piso que está muy bien.
▷ ¿Sí? ¿Cómo es?
▶ Es un piso amueblado, con dos dormitorios, uno bastante grande y otro más pequeño. Entras y hay un pasillo largo. A la derecha del pasillo está la cocina y al fondo, el salón. Los dos dormitorios están a la izquierda del pasillo y, entre ellos, está el baño.
▷ Pero dime, ¿cómo son los muebles? ¿Qué hay en el piso?
▶ Pues mira... La cocina está completa y también hay una mesa para comer y cuatro sillas. La nevera es enorme y está nueva, la lavadora también está nueva.
▷ ¿Y el salón?
▶ El salón está muy bien, es muy luminoso, tiene una ventana enorme. Hay un sofá muy grande, un sillón, una mesita y también una estantería que llega hasta el techo. Hay otra estantería en el dormitorio pequeño. Me va muy bien porque ese lo quiero usar como estudio.
▷ ¿Hay algún armario en el piso?
▶ Sí, uno muy grande en el dormitorio principal. ¡Ah! Y tienes que ver el baño, supermoderno, con el lavabo de cristal y una bañera que parece del futuro.
▷ ¡Qué bien! Ya iré a verlo cuando te instales.

[18]

Las cosas que están permitidas o prohibidas en diferentes lugares del mundo dependen de muchos factores culturales y sociales que, a veces, no son fáciles de comprender, pero que, en su contexto, suelen tener una explicación y una lógica.
Por poner algunos ejemplos, en Singapur no está permitido que la gente mastique chicle por la calle, en Bangladesh las leyes no dejan que se usen bolsas de plástico y en Canadá no se puede pagar solo con monedas si el precio supera los diez dólares.
En primer lugar, todas estas medidas tienen una razón que las explica. En Bangladesh, por seguir con el ejemplo, descubrieron que la mayoría de las inundaciones que sufrían eran debidas a la gran cantidad de bolsas de plástico que había en los desagües.
Por otro lado, están las religiones y los sistemas políticos, que, a menudo, condicionan las costumbres y prohíben a la gente que haga cosas que, en otros lugares del mundo, son absolutamente naturales.
Para terminar, siempre es recomendable, cuando viajas a otro país, observar cómo se comporta la gente y respetar sus normas, aunque puedan parecerte extrañas. Lo más inteligente es seguir ese proverbio que dice: "Donde vayas, haz lo que veas".

Unidad 10

[19]

▶ Hola, Pedro. ¿Qué hiciste ayer? ¿Por qué no viniste a la facultad?
▷ Me tuve que quedar en casa con mi hermana pequeña.

▶ ¿Y eso?
▷ No pudo ir al colegio porque tenía un poco de fiebre y mis padres tenían los dos un día muy complicado en el trabajo y no podían faltar.
▶ ¿Y ya se ha puesto bien tu hermana?
▷ Sí, mi padre la ha dejado esta mañana en el colegio.
▶ Pues ayer te perdiste una clase muy divertida.
▷ ¿Cuál?
▶ La de Literatura. La profe nos habló de una novela que se titula *Sin noticas de Gurb*.
▷ No la he leído, pero sé que es de Eduardo Mendoza.
▶ Pues leímos un fragmento muy divertido. ¿Sabes de qué trata?
▷ No, ¿de qué?
▶ Es sobre un extraterrestre que llegó a Barcelona a principios de los noventa y perdió a su compañero en la ciudad. La novela es el diario que escribió mientras lo buscaba contando sus aventuras. Nos reímos mucho.
▷ ¿Tenemos que leerlo para la clase?
▶ Sí, y también escribir un pequeño comentario.

[20]

▶ Fíjate en el mapa. México es el país donde se habla español que está más al norte; de hecho, es parte de Norteamérica.
▷ Chile es este, ¿verdad?
▶ Ese es Argentina. Chile está al lado, justo al oeste.
▷ ¡Qué forma tan rara tiene, qué largo es! El país más pequeño que hay al este de Argentina es Uruguay, ¿no?
▶ Así es. Y Colombia, ¿sabes cuál es?
▷ Creo que es el país que está más al norte de Sudamérica, el único que tiene frontera con Centroamérica; y el que está al lado de Colombia, al este, es Venezuela.
▶ Muy bien. Y Perú, ¿cuál es?
▷ Perú es el país que está entre Colombia y Chile.
▶ Ahora el último, Cuba.
▷ Sé que es una de estas islas del Caribe, pero no estoy seguro de cuál.
▶ Es la mayor, esta.

Notas

Notas

Notas

Notas